北大版对外汉语教材·基础教程系列

风光汉语

初级读写 II
FENGGUANG HANYU

丛书主编 / 齐沪扬　张新明

主　　编 / 方绪军

编　　著 / 方绪军　江　莉　厉霁隽
　　　　　　刘慧清　张　巍

生词翻译 / 尹文香　樱井典子

北京大学出版社
PEKING UNIVERSITY PRESS

图书在版编目（CIP）数据

风光汉语：初级读写Ⅱ/方绪军主编.—北京：北京大学出版社，2008.7
（北大版对外汉语教材·基础教程系列）
ISBN 978-7-301-14054-3

Ⅰ.风… Ⅱ.方… Ⅲ.①汉语-阅读教学-对外汉语教学-教材 ②汉语-写作-对外汉语教学-教材 Ⅳ.H195.4

中国版本图书馆CIP数据核字（2008）第103404号

书　　　名：	风光汉语：初级读写Ⅱ
著作责任者：	方绪军　主编
韩文翻译：	尹文香
日文翻译：	樱井典子
责任编辑：	欧慧英
标准书号：	ISBN 978-7-301-14054-3/H·2030
出版发行：	北京大学出版社
地　　　址：	北京市海淀区成府路205号　100871
网　　　址：	http://www.pup.cn
电子信箱：	zpup@pup.pku.edu.cn
电　　　话：	邮购部 62752015　发行部 62750672　出版部 62754962　编辑部 62753374
印　　　刷　者：	北京大学印刷厂
经　　　销　者：	新华书店
	787毫米×1092毫米　16开本　21印张　396千字
	2008年7月第1版　2019年2月第3次印刷
定　　价：	58.00元（附1张MP3）

未经许可，不得以任何方式复制或抄袭本书之部分或全部内容。
版权所有，侵权必究
举报电话：010-62752024　　电子信箱：fd@pup.pku.edu.cn

前　言

随着社会经济的发展，旅游日益成为人们生活中密不可分的重要部分。世界各地和中国都有着丰富的旅游资源，来中国旅游的外国游客数量逐年递增，中国公民的境外游人数也以惊人的速度上升。据世界旅游组织预测，到2020年，中国将成为世界上第一大旅游目的地国和第四大客源输出国。这种不断发展的新态势，促使日益兴旺的对外汉语教学事业需要朝着多元化的方向发展：不仅要满足更多的外国人学习汉语的需要，而且还要培养出精通汉语，知晓中国文化，并能够用汉语从事旅游业工作的专门人才。大型对外汉语系列教材《风光汉语》，正是为顺应这一新态势而编写的。

上海师范大学对外汉语学院设有HSK（旅游）研发办公室。作为国家级重点项目"汉语水平考试（旅游）"的研发单位，依靠学院自身强大的学科优势与科研力量，经过详尽的调查分析与严密的科学论证，制定出"HSK [旅游] 功能大纲"和"HSK [旅游] 常用词语表"，为编写《风光汉语》奠定了重要的基础。而学院四十多年的对外汉语教育历史和丰富的教学经验，以及众多专家教授的理论指导和精心策划，更是这套教材得以遵循语言学习规律，体现科学性和适用性的根本保证。

上海师范大学对外汉语学院2005年申报成功上海市重点学科"对外汉语"。在重点学科的建设过程中，我们深刻地认识到教材的编写与科学研究的支撑是分不开的。HSK（旅游）的研发为教材的编写提供了许多帮助，可以这么说，这套教材就是HSK（旅游）科研成果的转化形式。我们将这套教材列为重点学科中的科研项目，在编写过程中给予经费上的资助，从而使教材能够在规定的期限内得以完成。

从教材的规模上说，《风光汉语》是一套体系完整的对外汉语教材，共分26册。从教材的特点上说，主要体现在以下几个方面：

一、系统性

在纵向系列上，共分为六个等级：初级Ⅰ、初级Ⅱ；中级Ⅰ、中级Ⅱ；高级

Ⅰ、高级Ⅱ。各等级在话题内容、语言范围和言语技能的编排顺序上，是螺旋式循序渐进的。

在横向系列上，各等级均配有相互协调的听、说、读、写等教材。在中、高级阶段，还配有中国社会生活、中国文化等教材。

因此，这套教材既可用作学历制教育本科生的主干教材，也适用于不同汉语学习层次的长期语言生。

二、功能性

教材以"情景–功能–结构–文化"作为编写原则，课文的编排体例以功能带结构，并注重词汇、语法、功能项目由浅入深的有序渐进。

此外，在着重培养学生汉语听、说、读、写的基本技能，以及基本言语交际技能的前提下，突出与旅游相关的情景表现（如景区游览、组织旅游、旅游活动、饭店实务等），并注重其相关功能意念的表达（如主客观的表述、旅游社交活动的表达、交际策略的运用等），努力做到语言训练与旅游实务的有机统一。

三、现代性

在课文内容的编写方面，注重在交际情景话题的基础上，融入现代旅游文化的内容。同时，较为具体地介绍中国社会的各个侧面、中国文化的主要表现与重要特征，以使教材更具创新性、趣味性、实用性和现代感。

四、有控性

教材力求做到词汇量、语法点、功能项目分布上的均衡协调、相互衔接，并制定出了各等级的词汇、语法和功能项目的范围与数量：

● 词汇范围

初级Ⅰ、Ⅱ以汉语词汇等级大纲的甲级词（1033个）、部分乙级词和HSK（旅游）初级词语表（1083个）为主，词汇总量控制在1500-2000个之间。

中级Ⅰ、Ⅱ以汉语词汇等级大纲的乙级词（2018个）、部分丙级词和HSK（旅游）中级词语表（1209个）为主，词汇总量（涵盖初级Ⅰ、Ⅱ）控制在3500-4000个之间。

高级Ⅰ、Ⅱ以汉语词汇等级大纲的丙级词（2202个）、部分丁级词和HSK（旅游）高级词语表（860个）为主，词汇总量（涵盖初级Ⅰ、Ⅱ和中级Ⅰ、Ⅱ）控制在5500-6000个之间。

● **语法范围**

初级Ⅰ、Ⅱ以汉语语法等级大纲的甲级语法大纲（129项）为主。

中级Ⅰ、Ⅱ以汉语语法等级大纲的乙级语法大纲（123项）为主。

高级Ⅰ、Ⅱ以汉语语法等级大纲的丙级语法大纲（400点）为主。

● **功能范围**

初级Ⅰ、Ⅱ以HSK（旅游）初级功能大纲（110项）为主。

中级Ⅰ、Ⅱ以HSK（旅游）中级功能大纲（127项）为主。

高级Ⅰ、Ⅱ以HSK（旅游）高级功能大纲（72项）为主。

此外，在语言技能的训练方面，各门课程虽各有侧重、各司其职，但在词汇、语法、功能的分布上却是相互匹配的。即听力课、口语课中的词汇、语法与功能项目范围，基本上都是围绕读写课（或阅读课）展开的。这样做，可有效地避免其他课程的教材中又出现不少新词语或新语法的问题，从而能在很大程度上减轻学生学习和记忆的负担。同时，这也保证了词汇、语法重现率的实现，并有利于学生精学多练。因此，这是一套既便于教师教学，也易于学生学习的系列性教材。

本教材在编写过程中，得到北京大学出版社的大力支持：沈浦娜老师为教材的策划、构架提出过许多中肯的意见，多位编辑老师在出版此教材的过程中，更是做了大量具体而细致的工作，在此谨致诚挚的谢意。这套教材在编写过程中，曾经面向学院师生征集过书名，说来也巧，当初以提出"风光汉语"中选并以此获奖的旷书文同学，被沈浦娜招致麾下，并成为她的得力干将，在这套教材出版联络过程中起到极大的作用。

最后要说明的是，本教材得到上海市重点学科建设项目资助，项目编号：T0405。

齐沪扬　张新明

说 明

《风光汉语——初级读写》是基础汉语读写教材，分Ⅰ、Ⅱ两册。学完这两册教材（共96课），学生在日常旅游、生活、学习和工作等场合，能够用汉语与他人进行一般的交流。

《风光汉语——初级读写Ⅱ》中出现的主要人物有：

金大永，男，韩国留学生；

芳子，女，日本留学生；

黄佳佳，女，印度尼西亚留学生；

哈利，男，美国留学生；

丽莎，女，法国留学生；

李阳，男，中国大学生；

唐华，男，汉语老师。

本册课文中，人物的活动场所主要是旅游景点、旅游途中、旅行社、车上、机场、市区、剧院、餐厅（食堂）、宾馆（酒店）、小吃店、家庭、课堂等。课文涉及的话题及活动主要是旅游活动（包括旅游安排、订票、订房间、旅游过程、旅游体会）、计划、经历、爱好、风俗习惯、做客、接待、接送客人、观看节目（演出、电影）、交往、友情、爱情、居住、用餐、购物、学校生活、健康、工作等。

本册共出现约1100个常用词语，平均每课24个生词。每篇课文的长度一般为400至500字。每一课要求掌握的语言点（包括重点词语和语法项目）都编排在每一课后边的练习题中。

本册共46课，建议用约130至140学时（每周8至9学时，共16周）学完：1至20课平均每课用3学时，21至46课平均每课用3至4学时。

本教材希望学生通过学习课文并完成课文后边大量的词语、汉字、语法、填空和作文练习，逐步掌握并学会使用每一课所编排的语言项目。

我们相信，只要坚持多练习，就一定能学好汉语。

编 者

目 录

第 一 课	站在窗前，就能看到蓝天和大海	1
第 二 课	他们被追到了海边	8
第 三 课	他终于有机会实现自己的愿望了	16
第 四 课	最有名的小吃要算是小笼包了	23
第 五 课	订晚了就很可能订不到座位	30
第 六 课	让每个家庭负责接待一两位留学生	37
第 七 课	黄英爸爸开车把佳佳送回学校	45
第 八 课	原来，中国家庭招待客人的方式跟美国人不同	52
第 九 课	上海是个国际化的城市嘛	60
第 十 课	哈利不好意思地把相机收了起来	67
第十一课	她俩觉得就像在演电影一样	75
第十二课	在学校外边租房子比住宾馆便宜	82
第十三课	今天很多人吃粽子，因为今天是端午节	88
第十四课	这不是周庄的双桥吗	95
第十五课	爱我的人和我爱的人不是同一个人	101
第十六课	既来之，则安之	108
第十七课	送给他一件有意义的生日礼物	114
第十八课	回上海来得及来不及	121

目录

第 十 九 课	邀请丽莎一同去游览太湖	**128**
第 二 十 课	她这两天肚子疼	**134**
第 二十一 课	横店被称为"中国的好莱坞"	**140**
第 二十二 课	我搬到淮海路去了	**148**
第 二十三 课	要不是没钱，我还想买车呢	**155**
第 二十四 课	她们三个都是第一次去南京	**162**
第 二十五 课	中国电影我都喜欢	**169**
第 二十六 课	我只是在忙着拍照	**176**
第 二十七 课	她们才坐了两个多小时火车就到了南京	**183**
第 二十八 课	我过一会儿给你发短信吧	**190**
第 二十九 课	不努力工作可不行啊	**197**
第 三 十 课	这里的美景让哈利永远难忘	**204**
第 三十一 课	怎么没有我的行李	**210**
第 三十二 课	真是倒霉透了	**217**
第 三十三 课	考试结束了，大家都松了一口气	**223**
第 三十四 课	她忙着照相，顾不上说话	**230**
第 三十五 课	买得越多，价格越便宜	**238**
第 三十六 课	航班取消了	**245**

目 录

第三十七课	哪个旅行社比较好	**252**
第三十八课	没想到飞机晚点了	**258**
第三十九课	堵车怎么这么厉害	**265**
第 四 十 课	CA5088号航班几点到达	**271**
第四十一课	真是蚂蚁的话，我可不敢吃	**278**
第四十二课	中国菜很好吃，可就是油太多	**284**
第四十三课	她自己倒冻得直发抖	**290**
第四十四课	请填一下旅游服务质量评价表	**295**
第四十五课	你听说过"怪坡"吗	**301**
第四十六课	很多同学放假就要回国了	**307**
生词总表		**313**

第一课　站在窗前，就能看到蓝天和大海

第一课　站在窗前，就能看到蓝天和大海

生　词

1. 蓝天	（名）	lántiān	blue sky	파란하늘	青空
2. 寒假	（名）	hánjià	winter vacation	겨울방학	冬休み
3. 热带	（名）	rèdài	the tropics	열대	熱帯
4. 海边	（名）	hǎibiān	seaside	해변가	海辺
5. 风景区	（名）	fēngjǐngqū	a scenic spot	관광구	景勝地、風景が綺麗な場所
6. 游泳	（动）	yóu yǒng	to swim	수영	泳ぐ
7. 享受	（动）	xiǎngshòu	to enjoy	즐기다	享受する
8. 温暖	（形）	wēnnuǎn	warm	따뜻하다	温かい
9. 阳光	（名）	yángguāng	sunshine	햇볕	日光、太陽光
10. 紧张	（形）	jǐnzhāng	insufficient supply	긴장하다	緊張する、余裕が無い

11. 并且	（连）	bìngqiě	and (it links a series of verbs, adjectives, or clauses)	그리고	しかもまた
12. 与	（介）	yǔ	with	…와	…と
13. 联系	（动）	liánxì	to contact	연락하다	連絡（する）
14. 乘坐	（动）	chéngzuò	to travel by (plane, train)	(차) 타다 승차하다	(飛行機、電車などに) 乗る
15. 起飞	（动）	qǐfēi	to take off (of aircraft)	이륙하다	離陸する
16. 经过	（动）	jīngguò	to pass	지나다	通過する
17. 旅途	（名）	lǚtú	journey	여행 여정	旅の途中
18. 一下子	（副）	yíxiàzi	in a short while	갑자기	ちょっとの間に
19. 适应	（动）	shìyìng	to adapt to	적응하다	適応する
20. 闻	（动）	wén	to smell	(냄새를) 맡다 풍기다	(においを) かぐ
21. 花草树木		huā cǎo shù mù	flower, grass, and tree	풀, 꽃, 나무	草花や木々
22. 激动	（形）	jīdòng	excited	흥분하다	興奮する
23. 晒	（动）	shài	(of the sun) shine upon	쬐다	日に当たる
24. 脸	（名）	liǎn	face	얼굴	顔

第一课　站在窗前，就能看到蓝天和大海

课 文

寒假的时候，丽莎决定和姐姐去海南旅游。她姐姐先从法国来上海，然后她们一起去海南。在法国，每年冬天都有很多人到热带的海边风景区去旅游。在那儿，人们可以游泳，也可以享受温暖的阳光。

在中国，每年冬天也有很多人去南方旅行。海南是南方有名的旅游区，去那儿旅游的人特别多。所以寒假去海南的机票也比较紧张。丽莎提前二十多天就订好了机票，并且与那儿的一家宾馆联系，订了一个房间。

她们乘坐的飞机是下午两点从上海起飞的。经过两个半小时的旅途，她们到了海南。刚下飞机，她们感到好像一下子从冬天来到了夏天，有点儿不适应。但她们马上就喜欢上了这里的环境。这里的空气很好，她们从空气里闻到了海的味道。

她们住的宾馆就在海边。站在窗前，就能看到蓝天和大海。

在海南，她们看到了马路两边各种热带的花草树木，尝到了在上海很少见到的热带水果。更让她们激动的是在温暖的阳光下下海游泳，晒太阳。

在海南玩儿了三天，她们的脸和身上都晒红了，但她们很愉快。

句子

1. 丽莎提前二十多天就订好了机票,并且与那儿的一家宾馆联系,订了一个房间。
2. 刚下飞机,她们感到好像一下子从冬天来到了夏天,有点儿不适应。
3. 她们马上就喜欢上了这里的环境。
4. 更让她们激动的是在温暖的阳光下下海游泳,晒太阳。

练 习

一、替换,并造句 Substitute and make sentences with the given words or forms

1.

每年冬天		有很多人到热带的海边风景区去旅游。
每天早上	都	有很多人在操场跑步。
我们每天中午		休息一个小时。

每……都……:

2.

在那儿,人们		游泳,		享受温暖的阳光。
中午,我们	可以	吃米饭,	也可以	吃面条。
从这儿去火车站		坐地铁		坐公共汽车。

……可以……,也可以……:

第一课　站在窗前，就能看到蓝天和大海

3.

经过	两个半小时的旅途，	她们到了海南。
	一年多的学习，	他已经会说汉语了。
	多年的努力，	他现在有了一家很大的公司。

经过……：

4.

她们	马上就喜欢上了	这里的环境。
他来到中国以后，	喜欢上了	中国书法。
他们	很快就喜欢上了	打太极拳(tàijíquán)。

……喜欢上……：

5.

更让她们激动			在温暖的阳光下下海游泳,晒太阳。
我们高兴	的	是	下星期要去旅游了。
让他着急			明天又要考试了。

……的是……：

二、填写适当的汉字　Fill in the blanks with the proper characters

1. 丽莎_____定和姐姐去海南旅游。

2. 在那儿，人们可以_____受温暖的阳光。

3. 寒假去海南的机票也比较_____张。

4. 丽莎_____前二十多天就订好了机票。

5. 她与那儿的一家宾馆_____系，订了一个房间。

6. 经过两个半小时的_____途，她们到了海南。

7. 这里的空气很好,她们从空气里闻到了海的_____道。

8. 她们的脸和身上都晒红了，但她们很_____快。

三、读词语，选词语填空 Read the phrases, and choose the right one to fill in the blanks

```
享受    特别    激动    并且    一下子    晒    适应
提前    紧张    闻    尝    联系    然后
```

1. 海南是中国南方有名的旅游区，去那儿旅游的人_____多。
2. 更让她们_____的是在温暖的阳光下下海游泳，晒太阳。
3. 在海南玩了三天，她们的脸和身上都_____红了，但她们很愉快。
4. 刚下飞机，她们感到好像_____从冬天来到了夏天，有点儿不_____。
5. 姐姐先从法国来上海，_____她们一起去海南。
6. 我们在海南_____到了在上海很少见到的热带水果。
7. 寒假的时候，去海南的机票也比较_____。
8. 在那儿，人们可以游泳，也可以_____温暖的阳光。
9. 她_____二十天就订好了机票，_____与那儿的一家宾馆_____，订了一个房间。
10. 这里的空气很好，她们从空气里_____到了海的味道。

四、用"好"和"到"填空 Fill in the blanks with "好" and "到"

1. 我们站在窗前，就能看_____蓝天和大海。
2. 午饭还没做_____，我们还要等一会儿。
3. 在海南，她们尝_____了很多热带的水果。
4. 我们都准备_____了，你还没准备_____吗？
5. 我们在房间门口就闻_____了烟的味道。

第一课　站在窗前，就能看到蓝天和大海

五、用在哪儿　Where can we use it

1. 一下子：我忘了他叫什么名字。

2. 都：每年寒假去海南的机票比较紧张。

3. 的：她们乘坐的飞机是下午两点从上海起飞。

4. 马上：她们就喜欢上了那里的环境。

5. 了：她们的脸和身上都晒红，但她们很愉快。

6. 有点儿：刚到这儿的时候，我们都不适应。

六、作文　Write a composition

我去_____旅游了

第二课

他们被追到了海边

生 词

1. 追	（动）	zhuī	to chase, to run after	쫓다, 주적하다	追う
2. 沙滩	（名）	shātān	beach	해변가	砂浜
3. 力气	（名）	lìqi	strength	힘, 기력	力
4. 放弃	（动）	fàngqì	to abandon, to give up	포기하다	放棄する、捨てる
5. 坚持	（动）	jiānchí	to persist in	견지하다	堅持する
6. 胜利	（动）	shènglì	victory	승리하다, 이기다	勝つ
7. 于是	（连）	yúshì	consequently	그래서, 그리하여서	そこで
8. 继续	（动）	jìxù	to continue	계속하다	続ける
9. 冲	（动）	chōng	to rush	돌진하다	突き、進む
10. 终于	（副）	zhōngyú	finally, at last	마침내	ついに
11. 眼前	（名）	yǎnqián	before one's eyes	눈앞	目の前

第二课　他们被追到了海边

12. 天涯海角		tiānyá hǎijiǎo	the remotest corner in the earth	지명	遠隔の地
13. 动人	（形）	dòngrén	moving	감동적이다	感動させる、感動する
14. 故事	（名）	gùshi	story	이야기	物語
15. 对	（量）	duì	pair, couple	쌍	二つで一組のものを数える単位
16. 相	（副）	xiāng	mutually	서로	互いに
17. 结婚	（动）	jié hūn	to marry	결혼하다	結婚
18. 逃	（动）	táo	to escape	도망치다, 달아나다	逃げる
19. 派	（动）	pài	to assign	파견하다, 보내다	任命する
20. 抓	（动）	zhuā	to seize	잡다	つかむ
21. 阵	（量）	zhèn	a period of time	한동안	一定時間続く動作を数える単位
22. 闪电	（名）	shǎndiàn	lightning	번개	稲妻稲光
23. 变	（动）	biàn	to change	변하다	変化する
24. 成	（动）	chéng	to become	되다	…になる
25. 石头	（名）	shítou	stone	돌	石
鹿回头		Lùhuítóu	a scenic spot in Hainan	지명	（地名）鹿回頭

课文

今天,我带了几张在海南拍的照片给大家看,大家都说拍得很好。

第一张是我和姐姐在沙滩上。这是我们请别人帮我们拍的。许多人在海里游泳,也有不少人在沙滩上散步。我们在那儿玩儿了一个下午。

第二张是姐姐拍的。那天我们去爬一座叫"鹿回头"的山。爬到半山时,我们累得没有多少力气了。我们正要放弃的时候,听到后边一位老先生说:"坚持到底就是胜利。"于是,我又和姐姐继续往上冲。我们终于爬到了山顶。山顶的风景真是太美了!我想,要是在半山上放弃了,就看不到眼前的美丽景色了。

第三张拍的是天涯海角。唐老师以前跟我们说过,天涯海角是很远很远的地方。这次我们真的来到了天涯海角。这里有一个动人的故事。很久以前,有一对青年男女,他们很相爱,但他们的父母都不同意他们俩结婚。他们就从家里逃走了。但他们的父母派人来抓他们。他们被追到了海边。突然,一阵闪电把他们俩变成了两块很大的石头。这两块石头就是我们今天看到的"天涯"和"海角"。

第二课 他们被追到了海边

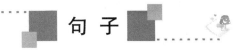 句 子

1. 我带了几张在海南拍的照片给大家看。
2. 爬到半山时,我们累得没有多少力气了。
3. 要是在半山上放弃了,就看不到眼前的美丽景色了。
4. 他们被追到了海边。
5. 一阵闪电把他们俩变成了两块很大的石头。

 练 习

一、替换,并造句 Substitute and make sentences with the given words or forms

1.

我们在那儿	玩了	一个下午。
我们在北京	住了	一年。
刚才我们	休息了	十分钟。

……动词+一段时间:

2.

我们		在半山上放弃了,		看不到眼前的美丽景色了。
你	要是	累了,	就	休息一会儿吧。
我		有很多钱,		去有名的地方旅游。

……要是……,就……:

3.

他们的父母		人		来抓他们。
学校	派	他		去北京开会。
公司		我们		来上海工作。

……派……+动词……：

4.

他们			追到了海边。
小偷	被		抓住了。
桌子上的纸			吹跑了。

……被+动词……：

5.

一阵闪电		他们俩	变成了两块很大的石头。
我	把	那篇文章	翻译成了汉语。
她		"剧场"	说成了"机场"。

……把……+动词+成……：

二、填写适当的汉字 Fill in the blanks with the proper characters

1. 许多人在海里游泳，也有不少人在沙滩上_____步。

2. 爬到半山时，我们累得没有多少力_____了。

3. 听了老人的话，我又和姐姐_____续往上冲。

4. 我们要是在半山上放_____了，就看不到眼前的美丽景色了。

5. 他们的父母都不同_____他们俩结婚。

6. 在海南，我们听到了一个_____人的故事。

第二课　他们被追到了海边

三、读词语，选词语填空　Read the phrases, and choose the right one to fill in the blanks

> 要是　　不少　　帮　　真的　　于是　　很久
> 带　　突然　　力气　　放弃　　终于

1. 以前我们听老师说过"天涯海角"，这次我们_____来到了天涯海角。

2. 这张照片是我们请别人_____我们拍的。

3. 许多人在海里游泳，也有_____人在沙滩上散步。

4. 爬到半山时，我们累得没有多少_____了。

5. 我们正要_____的时候，听到后边一位老先生说："坚持到底就是胜利。"_____，我又和姐姐继续往上冲。

6. 最后，我们_____爬到了山顶。

7. 我想，_____在半山上放弃了，就看不到眼前的美丽景色了。

8. _____以前，有一对青年男女，他们很相爱，但他们的父母都不同意他们俩结婚。

9. _____，一阵闪电把他们俩变成了两块很大的石头。

10. 今天，我_____了几张在海南拍的照片给大家看。

四、用所给的词语填空　Fill in the blanks with the given words

（一）往　到

1. 听了老人的话，我们又继续_____上冲。

2. 经过半个多小时，我们终于爬_____了山顶。

3. 他们俩被追_____了海边。

（二）跟　给

1. 唐老师以前_____我们说过，天涯海角是很远很远的地方。

2. 我带了几张在海南拍的照片_____大家看。

3. 他_____几个朋友一起去云南旅游了。

五、用在哪儿 Where can we use it

1. 得：大家都说这些照片拍很好。

2. 许多：我们看到人在海里游泳。

3. 过：以前老师跟我们说这个故事。

4. 从家里：他们就逃走了。

5. 被：他们追到了海边。

6. 成：一阵闪电把他们俩变了两块很大的石头。

六、读短文，填空 Read the passage, and fill in the blanks with the proper words

往	到	给	一下	好
要是	以前	跟	带	已经

在很多年_____，有一个人想去街上买一双鞋。他想，怎么才能让卖鞋的人知道他的脚(jiǎo, foot) 多大呢？他想出了一个好办法。他找来一张纸和一支笔，把自己脚的样子画在那张纸上。他画了很长时间，才把脚的样子画_____。

这时候，时间已经不早了。_____不快一点儿去商店，商店就要关门了。所以，他很着急地_____商店跑去。他走在路上的时候，想着自己马上就能买_____新鞋了，觉得很高兴。

他的家离商店很远，走了很长时间才走到一家卖鞋的商店。跑到商店

第二课　他们被追到了海边

的时候，商店的门还开着呢。

　　卖鞋的人问："先生，您要什么样的鞋？"

　　那人说："我要一双黑色的。"

　　卖鞋的又问："您穿多大号的？"

　　那人说："您等＿＿＿＿＿＿。"他想把他画好的那张纸拿出来＿＿＿＿＿＿卖鞋的人看，可是他没找到那张纸。他把那张纸忘在家里的桌子上了。他＿＿＿＿＿＿卖鞋的人说："对不起，我忘了＿＿＿＿＿＿一件东西。"说完，他就跑回家了。

　　卖鞋的人想这个人可能忘了带钱。

　　那个人很快地跑回家，拿了那张放在桌子上的纸，又往街上跑去。可是，他这一次跑到那家商店门口的时候，商店＿＿＿＿＿＿关门了。

第三课

他终于有机会实现自己的愿望了

生 词

1. 实现	（动）	shíxiàn	to realize	실현하다	実現する
2. 愿望	（名）	yuànwàng	wish	소원, 희망	願い
3. 赶	（动）	gǎn	to meet	(어떤 시기에) 맞추다	出くわす
4. 无边无际		wúbiān wújì	boundless, vast	가없다	際限がない
5. 景	（名）	jǐng	scenery	경치	風景
6. 感受	（动）	gǎnshòu	to experience	느끼다, 감수하다	受ける
7. 雄伟	（形）	xióngwěi	grand	웅대하다, 웅장하다	雄大である
8. 过程	（名）	guòchéng	process	과정	過程
9. 国家	（名）	guójiā	country	나라, 국가	国家
10. 为了	（介）	wèile	for, in order to	위하여	…のために
11. 边境	（名）	biānjìng	border	변경	国境地帯
12. 修建	（动）	xiūjiàn	to build	건축하다	修築する

第三课 他终于有机会实现自己的愿望了

13. 公元	（名）	gōngyuán	the Christian Era	기원	西暦紀元
14. 统一	（动）	tǒngyī	to unify	통일하다	統一する
15. 一方面…		yìfāngmiàn…	on the one hand…,	한쪽…한쪽…,	一方では…,
一方面…		yìfāngmiàn…	on the other hand…	한편…한편…	他方では…
16. 之间	（名）	zhījiān	between	…의 중간	…の間
17. 沿	（介）	yán	along	（…의 가장자리를）따라	…に沿って
18. 地区	（名）	dìqū	district, area	지역	地区
19. 至今	（副）	zhìjīn	up to now	지금까지	いまなお
20. 仍然	（副）	réngrán	still, as before	역시	依然として
21. 完好	（形）	wánhǎo	in good condition	완전하다	完全である
22. 古代	（名）	gǔdài	ancient times	고대	古代
23. 项	（量）	xiàng	item	항목	項に分けた物事に用いる
24. 工程	（名）	gōngchéng	project	공사	大規模な工事
长城		Chángchéng	the Great Wall	만리장성	万里の長城
秦朝		Qín Cháo	Qin Dynasty	진나라	秦王朝
明朝		Míng Cháo	Ming Dynasty	명나라	明王朝

课 文

　　哈利来中国以前就听说过长城很有名，还看过一些介绍长城的书和电视节目。他一直想上长城看看。寒假的时候，他终于有机会实现自己的愿望了。一放假，他就约了两个朋友出发了。

他们上长城的时候正赶上雪后天晴。站在古老的长城上，看蓝天下无边无际的雪景，哈利感受到了长城的雄伟与美丽。

在游览长城的过程中，他们也了解了一点儿长城的历史。

三千多年前，中国北方就有很多大大小小的国家。他们为了保护自己的安全，就在自己的边境修建长城。

公元前221年，秦朝统一了中国以后，一方面拆了一些小国家之间的长城，一方面又在北方修建新的长城。为了修建长城，很多年轻人离开了家乡，再也没能回家。

明朝的时候，不仅在北方不断修建长城，而且在东南沿海一些地区也修建了长城。明朝修建的长城，大部分保存下来了，至今仍然完好。

长城是古代一项巨大的建筑工程。

今天，长城成了世界上有名的旅游景点，每年都有很多中国人和外国人到古老的长城上参观游览。

句子

1. 寒假的时候，他终于有机会实现自己的愿望了。
2. 一放假，他就约了两个朋友出发了。
3. 站在古老的长城上，看蓝天下无边无际的雪景，哈利感受到了长城的雄伟与美丽。
4. 秦朝统一了中国以后，一方面拆了一些小国家之间的长城，一方面又在北方修建新的长城。

第三课 他终于有机会实现自己的愿望了

练 习

一、替换，并造句 Substitute and make sentences with the given words or forms

1.

他		想上长城看看。
我们	一直	在一起工作。
我		想去西安旅游。

……一直……：

2.

在长城上看雪景，哈利		长城的雄伟与美丽。
在朋友家里，我	感受到了	他父母的热情。
在上班的路上，我们		交通的拥挤（yōngjǐ, crowded）。

……感受到……：

3.

他们		保护自己的安全，	就在自己的边境修建长城。
	为了	修建长城，	很多年轻人离开了家乡。
他		明天能早点儿起床，	晚上九点就睡觉了。

为了……，……：

4.

秦朝　　　　拆了一些旧长城，　　　又建了一些新长城。
哈利　一方面　学习汉语，　　　一方面　了解中国文化。
妈妈　　　　要工作，　　　　　又要做家务。

一方面……，一方面……：

5.

明朝　　　　在北方修长城，　　　在沿海地区也修了一些长城。
丽莎　不仅　会说汉语，　　　而且　会做中国菜。
她　　　　漂亮，　　　　　还很聪明。

不仅……，而且……：

二、填写适当的汉字　Fill in the blanks with the proper characters

1. 寒假的时候，他终于有机会实现自己的愿_____了。

2. 在游览长城的过_____中，他们也了解了一点儿长城的历史。

3. 他们为了_____护自己的安全，就在自己的边境修建长城。

4. 公元前221年，秦朝_____一了中国。

5. 为了修_____长城，很多年轻人离开了家乡，再也没能回家。

6. 明朝修建的长城，大部分保_____下来了，至今仍然完好。

7. 长城是古代一项巨大的建筑工_____。

8. 每年都有很多中国人和外国人到古老的长城上_____观游览。

第三课　他终于有机会实现自己的愿望了

三、读词语，选词语填空 Read the phrases, and choose the right one to fill in the blanks

| 保存 | 景点 | 介绍 | 游览 | 统一 | 完好 |
| 有机会 | 了解 | 过程 | 工程 | 保护 | 出发 |

1. 哈利来中国以前就看过一些_____长城的书和电视节目。
2. 公元前221年，秦朝_____了中国。
3. 明朝修建的长城，大部分_____下来了，至今仍然_____。
4. 一放假，他就约了两个朋友_____了。
5. 今天，长城成了世界上有名的旅游_____。
6. 在游览长城的_____中，他们也_____了一点儿长城的历史。
7. 寒假的时候，他终于_____实现自己的愿望了。
8. 这些大大小小的国家为了_____自己的安全，就在自己的边境修建长城。
9. 长城是古代一项巨大的建筑_____。
10. 每年都有许多来自世界各地的游客上长城参观_____。

四、用"为了"和"因为"填空 Fill in the blanks with "为了" and "因为"

1. 不同的国家_____保护自己的安全，就在自己的边境修建长城。
2. _____我要去机场接朋友，所以想请半天假。
3. 我们不能_____工作比较忙，就放弃学习汉语。
4. 我没买那件蓝色的，是_____我觉得那件样子不太好看。
5. _____这次活动，我们已经准备了一个星期了。

五、用在哪儿　Where can we use it

1. 一直：我不知道他去哪儿了。

2. 正：我们上长城那天赶上雪后天晴。

3. 中：在游览长城的过程，我们也了解了一点儿长城的历史。

4. 前：三千多年，中国北方就有很多大大小小的国家。

5. 没：为了修建长城，很多年轻人离开了家乡，再也能回家。

6. 下来：明朝修建的长城，大部分保存了，至今仍然完好。

7. 都：每年有很多人到古老的长城上参观游览。

六、作文　Write a composition

我游览过的_____

第四课　最有名的小吃要算是小笼包了

生词

1. 算	（动）	suàn	to regard as...	…라 여기다	数える
2. 小笼包		xiǎolóng bāo	a kind of steamed bun filled with vegetable or meat	만두	ショウロンポウ
3. 代表	（动）	dàibiǎo	to represent	대표하다	代表する
4. 商业	（名）	shāngyè	commerce	상업	商業
5. 保留	（动）	bǎoliú	to retain	보류하다	保留する
6. 皮	（名）	pí	wrapper, peel	거죽	皮
7. 薄	（形）	báo	thin	얇다	薄い
8. 外面	（名）	wàimiàn	outside	겉, 외면	表面
9. 似乎	（副）	sìhū	it seems	마치	…らしい
10. 馅儿	（名）	xiànr	filling	(만두 안에 넣는) 소	餡中身
11. 店	（名）	diàn	shop	가게, 점포, 店 상가	

23

#	词	词性	拼音	英文	한국어	日本語
12.	排队	(动)	pái duì	to line up	줄을 서다	列を作る
13.	份	(量)	fèn	share	분, 몫	書類を数える
14.	以为	(动)	yǐwéi	to think (something that usually turns out to be incorrect)	여기다, 생각하다	…と考える
15.	一般	(形)	yìbān	ordinary	보통	一般である
16.	咬	(动)	yǎo	to bite	물다	噛む
17.	吐	(动)	tǔ	to spit	뱉다	吐く
18.	原来	(副)	yuánlái	originally	원래	もとは
19.	讲究	(动)	jiǎngjiu	to be particular about	따져볼 만한 의미, 주의할 만한 내용	気をつける
20.	吸	(动)	xī	to inhale	빨다, 마시다	吸い込む
21.	按照	(介)	ànzhào	according to...	…에 따라서…	…に照らして
22.	…法		…fǎ	method, way (such as 吃法, 写法, 做法)	방법	方法、手段
23.	小心	(形)	xiǎoxīn	careful	조심하다	気をつける
24.	起来	(动)	qǐlai	"A verb + 起来" indicates something begins and keeps on	시작하다	立ち上がる 起き上がる
25.	出洋相		chū yáng xiàng	to make an exhibition of oneself	추태를 보이다	恥をさらす
26.	知识	(名)	zhīshi	knowledge	지식	知識

第四课　最有名的小吃要算是小笼包了

周末，芳子和黄佳佳一起来到了豫园。

有人说，没去过豫园是不能算到过上海的，因为这里代表着上海的传统与特色。这儿有一些热闹的老商业街，很多建筑还保留着两三百年前的样子。

豫园的很多小吃也很有名，最有名的小吃要算是小笼包了。

小笼包不是很大，好像一口就能吃下去一个。小笼包皮儿很薄，从外面似乎能看到里面的馅儿。芳子她们在一家有名的点心店门前排队，等了很长时间，终于买到了两份小笼包。

刚开始，她们以为吃小笼包就像吃一般的面包一样。可是，芳子刚咬了一口，马上又吐了出来。小笼包太烫了，而且里边还有汤！旁边的一位老先生看见她们俩的样子，知道她们是第一次吃小笼包，就告诉她们应该怎么吃。

原来，吃小笼包是有讲究的。吃的时候，要先咬破皮儿，再把里面的汤水吸出来，然后才能吃到里边儿的馅儿。芳子她们按照老先生告诉她们的吃法，小心地吃起来。

这是她们第一次吃小笼包。虽然出了点儿洋相，但她们也学到了知识。她们决定下次要让哈利他们也来这儿出出洋相。

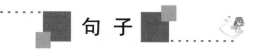

1. 豫园代表着上海的传统与特色。
2. 这里最有名的小吃要算是小笼包了。

3. 小笼包皮儿很薄,从外面似乎能看到里面的馅儿。

4. 她们以为吃小笼包就像吃一般的面包一样。

5. 原来,吃小笼包是有讲究的。

练 习

一、替换,并造句　Substitute and make sentences with the given words or forms

1.

豫园		上海的传统与特色。
学校篮球队	代表着	我们学校的篮球运动水平(shuǐpíng, level)。
王先生的话		很多人的意见。

……代表着……:

2.

这儿最有名的小吃		小笼包了。
在中国,大学最多的城市	要算是	北京了。
他们班篮球打得最好的		李阳了。

……要算是……:

3.

小笼包不太大,		一口就能吃下去一个。
今天很暖和,	好像	是春天一样。
这个房间		比那个房间大一点儿。

……好像……:

第四课 最有名的小吃要算是小笼包了

4.

她们		吃小笼包就像吃一般的面包一样。
来上海以前，我	以为	上海人和北京人说话是一样的。
刚开始，我		学日语很容易。

……以为……：

5.

她们		老先生说的吃法，	小心地吃起来。
他	按照	老师的话，	把每个汉字写了五遍。
		原来的计划，	这学期应该学完这本书。

按照……，……：

二、填写适当的汉字 Fill in the blanks with the proper characters

1. 豫园代表着上海的_____统与特色。
2. 这儿很多建筑还_____留着两三百年前的样子。
3. 小笼包不太大，好_____一口就能吃下去一个。
4. 小笼包皮儿很薄，从外面似_____能看到里面的馅儿。
5. 芳子她们在一家有名的点心店门前_____队买小笼包。
6. 原来，吃小笼包是有讲_____的。
7. 芳子她们_____照老先生告诉她们的吃法，小心地吃起来。
8. 虽然出了点_____相，但她们也学到了知识。

三、读词语，选词语填空 Read the phrases, and choose the right one to fill in the blanks

| 按照 | 保留 | 而且 | 热闹 | 要算是 | 样子 |
| 有讲究 | 小心 | 排队 | 代表着 | 一般 | 似乎 |

1. 没到过豫园是不能算到过上海的，因为这里_____上海的传统与特色。

2. 这儿有一些十分_____的老商业街，很多建筑还_____着两三百年前的样子。

3. 豫园的很多小吃也很有名，最有名的小吃_____小笼包了。

4. 很多游客在一家有名的点心店门前_____买小笼包。

5. 一看她们俩的_____，就知道她们是第一次吃小笼包。

6. 小笼包皮儿很薄，从外面_____能看到里面的馅儿。

7. 她们俩_____老先生告诉她们的吃法，_____地吃起来。

8. 原来，吃小笼包是_____的。

9. 她们以为吃小笼包就像吃_____的面包一样。

10. 小笼包太烫了，_____里边还有汤！

四、用"一般"和"一样"填空 Fill in the blanks with "一般" and "一样"

1. 他现在看报纸，_____的汉字都认识了。

2. 吃小笼包跟吃_____的面包很不_____。

3. 我的自行车跟他的是_____的。

4. 我每天早上_____是坐公共汽车上班。

五、用在哪儿 Where can we use it

1. 算：有人说，没去过豫园是不能到过上海的。

2. 算：那儿有很多有名的小吃，最有名的要是小笼包了。

3. 就：小笼包不太大，好像一口能吃下去一个。

4. 似乎：小笼包皮儿很薄，从外面能看到里面的馅儿。

5. 终于：她们等了很长时间，买到了两份小笼包。

6. 起来：她们按照老先生告诉她们的吃法，小心地吃。

7. 让：她们决定下次要哈利他们也来这儿出出洋相。

第四课　最有名的小吃要算是小笼包了

六、读短文，填空　Read the passage, and fill in the blanks with the proper words

> 别的　　把　　以为　　所以　　冲
> 而且　　习惯　　一直　　以为　　追

过去，贵州这个地方没有驴（lǘ, donkey）。有个从外地回来的人，带回来一头驴。带回来以后，他就_____驴放到他家附近的山上，跟别的动物在一起。

附近的山上有很多动物，有老虎（lǎohǔ, tiger），也有山羊（yáng, goat）。老虎是最大的，_____动物们都怕它。

有一天，老虎看见了这头驴。因为它以前没有看见过驴，_____驴比一般的动物大得多，它_____这个高大的动物一定很强大（qiángdà, strong），_____老虎一直在树林里远远地看着这头驴，不敢（gǎn, dare）到驴的身边来。

那只老虎_____想知道这头驴是什么样的动物。它看了几天以后，没有看见驴吃别的动物，它就慢慢地走到驴的附近。

这时候，驴看见了老虎。因为驴以前看见过老虎，它很怕，所以就大叫起来。老虎没听见过驴的叫声，_____驴要咬它，就很快地跑开了。可是，老虎发现驴没有_____它，它又停下来了。

几天以后，老虎听过很多次驴的叫声，_____了驴的叫声。它常常来到驴的附近走动，离这头驴也越来越近了。但它还是不敢碰这头驴。

老虎慢慢走到驴的前后，走来走去。后来，老虎越来越不怕驴了：它或者碰它一下，或者靠它一下。驴非常生气，就踢了老虎一下，可是没有追上去咬老虎。

老虎心里想："它一定不会咬我！"所以，老虎非常高兴。于是，老虎一下子_____上去，很快就把那头驴咬死了。

老虎吃完了驴肉，才慢慢离开了。

第五课

订晚了就很可能订不到座位

生 词

1. 节日	（名）	jiérì	holiday	명절	祝日
2. 期间	（名）	qījiān	period	기간	期間
3. 单位	（名）	dānwèi	unit (as a department, division, section, etc)	일 하는 곳, 직장	勤め先
4. 外地	（名）	wàidì	other parts of the country	외지, 타지방	ほかの土地
5. 团聚	（动）	tuánjù	to reunite	모이다	団欒する
6. 爱人	（名）	àiren	husband or wife	남편 혹은 아내	夫または妻
7. 除夕	（名）	chúxī	New Year's Eve	그믐	大晦日
8. 年夜饭	（名）	niányèfàn	the dinner on New Year's Eve	그믐날 밤에 먹는 음식	大晦日のご飯

第五课　订晚了就很可能订不到座位

9. 家庭	（名）	jiātíng	family	가정	家庭
10. 选择	（动）	xuǎnzé	to choose	선택하다	選ぶ
11. 生意	（名）	shēngyi	deal, business	장사	商売
12. 客人	（名）	kèrén	guest	손님	客
13. 轮到	（动）	lúndào	to take turns	차례가 돌아 오다	…の番になる
14. 聚	（动）	jù	to get together	모이다	集まる
15. 大人	（名）	dàren	adult	어른	大人
16. 那里	（代）	nàli	there	거기서	そこ
17. 得到	（动）	dédào	to get, to receive	얻다	手に入れる
18. 压岁钱	（名）	yāsuìqián	money given to children as a lunar new year's gift	세배돈	お年玉
19. 安静	（形）	ānjìng	silent, quiet	조용하다	静かにする
20. 人家	（名）	rénjiā	family	집	人の住む家
21. 鞭炮	（名）	biānpào	firecracker	폭죽	爆竹
22. 迎接	（动）	yíngjiē	to meet, to welcome	맞이하다	迎える
23. 到来	（动）	dàolái	to arrive	오다	到来(する)

春节		Chūn Jié	the Spring Festival	구정, 춘절	旧正月

课文

春节是中国最重要的传统节日。春节期间，很多单位都要放几天假。许多在外地工作的人，过春节的时候也要回家，跟家人团聚。

春节正好在学校的寒假期间，所以唐老师的假期更长。

唐老师的爱人在公司工作，她一直到春节的前一天才开始放假。

除夕夜，吃年夜饭一直是过年的重要活动。以前，人们一般是在家里吃年夜饭。但最近一些年，城市里有许多家庭选择到饭店吃年夜饭。因为想去饭店吃年夜饭的人太多了，所以，很多饭店除夕夜的生意都特别好，客人一般要提前很多天订座位，订晚了就很可能订不到座位。唐老师春节前一个月就在一家饭店订好了座位。

唐老师有一个姐姐，她家也在上海。去年的年夜饭是姐姐家负责安排的，今年轮到唐老师家负责。

吃年夜饭的时候，他们两个家庭聚在一起十分热闹。孩子们还能从大人那里得到压岁钱。

除夕夜是很难安静地睡觉的。夜里到了十二点，旧的一年过去了，新的一年开始了。这时候，许许多多人家都在门口放鞭炮，迎接新年的到来。

第五课 订晚了就很可能订不到座位

句子

1. 春节期间,很多单位都要放几天假。
2. 许多在外地工作的人,过春节的时候也要回家,跟家人团聚。
3. 以前,人们一般是在家里吃年夜饭。
4. (要是)订晚了就很可能订不到座位。
5. 今年轮到唐老师家负责安排年夜饭。

练习

一、替换,并造句  Substitute and make sentences with the given words or forms

1.

春节		很多单位都要放几天假。
寒假	期间,	我打算去广东旅游。
我在中国		认识了不少中国朋友。

……期间,……:

2.

城市里有许多家庭		到饭店吃年夜饭。
很多大学生毕业以后	选择	进公司工作。
你为什么		来上海学习汉语?

……选择……:

3.

订晚了就很可能	订不到	座位。
在我们那儿	买不到	这么便宜的书。
要是天气不好，在山顶上就	看不到	太阳出来。

……动词+不+到……：

4.

今年的年夜饭		唐老师家负责。
今天晚上	轮到	我做饭了。
现在		你说话了。

……轮到……：

5.

许多人家放鞭炮，		新年	
他们都站在门口，	迎接	客人	的到来。
他们来到机场，		外国朋友	

……迎接……的到来：

二、填写适当的汉字　Fill in the blanks with the proper characters

1. 过春节的时候，许多在外地工作的人都要回家，跟家人_____聚。

2. 春节正好在学校的寒假期间，所以唐老师的假_____更长。

3. 除夕夜，吃年夜饭一直是过年的_____要活动。

4. 很多饭店除夕夜的生_____都特别好。

5. 去年的年夜饭是姐姐家负_____安排的。

6. 吃年夜饭的时候，他们两个家庭聚在一起十分热_____。

7. 除夕夜是很难安_____地睡觉的。

第五课 订晚了就很可能订不到座位

8. 许许多多人家都在门口放鞭炮，迎_____新年的到来。

三、读词语，选词语填空 Read the phrases, and choose the right one to fill in the blanks

| 团聚 | 一般 | 迎接 | 得到 | 负责 | 安静 |
| 很可能 | 轮到 | 聚 | 提前 | 生意 | 选择 |

1. 在外地工作的人，过春节时也要回家跟家人_____。
2. 许多人家都在门口放鞭炮，_____新年的到来。
3. 除夕夜是很难_____地睡觉的。
4. 以前，人们_____是在家里吃年夜饭的。
5. 去年的年夜饭是姐姐家_____安排的，今年_____我家负责。
6. 吃年夜饭的时候，他们两个家庭_____在一起十分热闹。
7. 客人一般要_____很多天订座位，订晚了就_____订不到座位。
8. 最近，城市里有许多家庭_____到饭店吃年夜饭。
9. 因为想去饭店吃年夜饭的人太多了，所以，很多饭店除夕夜的_____都特别好。
10. 孩子们还能从大人那里_____压岁钱。

四、用"可能"和"能"填空 Fill in the blanks with "可能" and "能"

1. 我刚才看见他开车出去了，_____回家了。
2. 只要你努力，就一定_____把工作做好。
3. 我们想明天早上七点半出发，你_____到吗？
4. 买票的人很多，要是去晚了，就很_____买不到票。
5. 你_____不_____告诉小李，让他到我这儿来一下？

五、用在哪儿　Where can we use it

1. 几天：过年的时候，一般的单位都要放假。

2. 正好：每年的春节在学校的寒假期间。

3. 才：她们公司一直到春节的前一天开始放假。

4. 不：要是订晚了就很可能订到座位。

5. 好：我家在春节前两个月就在一家饭店订了座位。

6. 在：吃年夜饭的时候，我们两个家庭聚一起十分热闹。

7. 那里：孩子们还能从大人得到压岁钱。

六、作文　Write a composition

请介绍你们国家的一个重要节日

第六课　让每个家庭负责接待一两位留学生

生 词

1. 接待	（动）	jiēdài	to give a reception	접대하다	接待する
2. 之前		zhīqián	before	…전	…の前
3. 报名	（动）	bàomíng	to enlist in	신청하다	申し込む
4. 提供	（动）	tígōng	to provide	제공하다, 주다	提供(する)
5. 气氛	（名）	qìfēn	atmosphere	분위기	雰囲気
6. 户	（量）	hù	a classifier for families	호	家を数える
7. 女士	（名）	nǚshì	lady	여사	女性に対する敬称
8. 电视台	（名）	diànshìtái	TV station	방송국	テレビ局
9. 女儿	（名）	nǚ'ér	daughter	딸	娘
10. 毕业	（动）	bìyè	to graduate	졸업하다	卒業
11. 职员	（名）	zhíyuán	employee	직원	職員

12. 主动	（形）	zhǔdòng	active	주동적이다, 자발적이다	自発的である
13. 表示	（动）	biǎoshì	to express	표시하다, 나타내다	表す
14. 愿意	（动）	yuànyì	to be willing	바라다, 희망하다	…したいと思う
15. 正月	（名）	zhēngyuè	first month of the lunar calendar	정월	（旧暦の）正月
16. 初一		chūyī	first day of a lunar month	초하루	旧歴新年
17. 格外	（副）	géwài	especially	특별히	特に
18. 亲切	（形）	qīnqiè	kind	친절하다	親しい
19. 电梯	（名）	diàntī	elevator	엘리베이터	エレベーター
20. 按	（动）	àn	to press, to push down	누르다	押す
21. 铃	（名）	líng	bell	벨	ベル
22. 赶忙	（副）	gǎnmáng	hurriedly	서둘러, 황급히	急いで
23. 招呼	（动）	zhāohu	to greet	인사하다	あいさつする
24. 叔叔	（名）	shūshu	address for any man of one's father's generation	아저씨	叔父
25. 阿姨	（名）	āyí	address for any women of one's mother's generation	아줌마	叔母
黄英		Huáng Yīng	a person's name	인명	人名
黄妈妈		Huáng māma	Huang's mother	황씨의 어머니	黄さんの母

第六课　让每个家庭负责接待一两位留学生

课 文

　　春节之前，黄佳佳报名参加了"到中国人家过春节"的活动。这个活动是学校的留学生办公室组织的。

　　快放寒假的时候，留学生办公室了解到有些学生春节期间留在上海，就决定提供机会，让他们到中国人家里，感受感受春节的气氛。办公室老师联系了二十多户上海家庭，让每个家庭负责接待一两位留学生。

　　办公室给黄佳佳联系的人家也姓黄。这家有三口人：黄先生是一家医院的大夫，黄先生的爱人张女士在电视台工作，他们的女儿黄英大学刚毕业，现在是一家公司的职员。他们听说学校要安排留学生到中国人家里过春节，就主动跟学校联系，表示愿意接待一位留学生。

　　正月初一一大早，黄英就赶到学校来接黄佳佳了。俩人见面，都格外亲切。黄英家离学校不远，坐出租车，十几分钟就到了。

　　黄英家住十楼。她们乘电梯很快就到家门口了。黄英一按门铃，黄妈妈马上就开了门，热情地说："欢迎！欢迎！"

　　黄英的爸爸也站在门口，说："快请进！快请进！"佳佳赶忙向黄英的父母打招呼说："叔叔阿姨，新年好！"

句子

1. 春节之前,黄佳佳报名参加了"到中国人家过春节"的活动。
2. 办公室老师决定让一些留学生到中国人家里,感受感受春节的气氛。
3. 他们主动跟学校联系,表示愿意接待一位留学生。
4. 正月初一一大早,黄英就赶到学校来接黄佳佳了。
5. 佳佳赶忙向黄英的父母打招呼说:"叔叔阿姨,新年好!"

练习

一、替换,并造句　Substitute and make sentences with the given words or forms

1.

黄佳佳		了"到中国人家过春节"的活动。
很多同学	报名参加	了这次旅游。
我们都		了学校组织的运动会。

……报名参加……:

2.

办公室		留学生		了很多了解上海的机会。
公司	给	他	提供	了两间住房。
这个单位		年轻人		了很好的工作机会。

……给……提供……:

第六课 让每个家庭负责接待一两位留学生

3.

学校		留学生	到中国人家里过春节。
公司	安排	小张	在上海工作一年。
办公室老师		佳佳	到黄英家过年。

……安排……+动词……：

4.

黄英的父母		愿意接待一位留学生。
他们	表示	希望参加这次比赛。
她		很想来我们公司工作。

……表示……：

5.

见到黄英的父母，佳佳		向他们打招呼。
接到经理的电话，他	赶忙	开车回公司了。
听见门外有人叫她，她		出去开门。

……赶忙……：

二、填写适当的汉字　Fill in the blanks with the proper characters

1. 这次活动是学校的留学生办公室组_____的。

2. 办公室决定让一些留学生到中国人家里感受感受春节的_____氛。

3. 不少人家听说学校要安排留学生到中国人家里过春节，就_____动跟学校联系。

4. 有二十多户人家表示愿意接_____留学生。

5. 每个家庭负_____接待一两位留学生。

6. 正月初一一大早，黄英就赶_____学校来接黄佳佳了。

7. 她家住十楼，每天她都要乘电_____。

8. 佳佳_____忙向黄英的父母打招呼。

三、读词语，选词语填空 Read the phrases, and choose the right one to fill in the blanks

| 热情 | 报名 | 提供 | 接待 | 赶到 | 主动 |
| 联系 | 亲切 | 组织 | 感受 | 愿意 | 打招呼 |

1. 很多人_____参加了这次活动。

2. 黄英一按门铃，黄妈妈马上就开了门，_____地说："欢迎！欢迎！"

3. 老师们_____了二十多户上海家庭，让每个家庭负责_____一两名留学生。

4. 佳佳在门口见到黄英的父母，就赶忙向他们_____。

5. 正月初一一大早，黄英就_____学校来接佳佳了。

6. 她们俩一见面，就格外_____。

7. 办公室给黄佳佳_____的人家也姓黄。

8. 她们决定_____机会，让一些留学生到中国人家里，_____一下春节的气氛。

9. 这次活动是学校的留学生办公室_____的。

10. 黄先生一家_____跟学校联系，表示_____接待一位留学生。

四、用"给"和"跟"填空 Fill in the blanks with "给" and "跟"

1. 王老师_____我介绍了一位中国朋友。

2. 每次在路上见到他，他都要_____我们打招呼。

3. 黄英的父母主动_____学校联系，他们愿意接待一位留学生。

4. 办公室_____佳佳联系了一户姓黄的人家。

第六课　让每个家庭负责接待一两位留学生

五、用在哪儿　Where can we use it

1. 让：办公室决定提供机会，一些留学生到中国人家里，感受春节的气氛。
2. 多：老师们联系了二十户上海家庭，让每个家庭负责接待一两位留学生。
3. 家：黄先生是一医院的大夫，他的太太在电视台工作。
4. 之前：春节很多同学报名参加"到中国人家过春节"的活动。
5. 一：黄英按门铃，黄妈妈马上就开了门。
6. 就：她们乘电梯很快到家门口了。
7. 不：黄英家离学校太远，坐出租车，十几分钟就到了。

六、读短文，填空　Read the passage, and fill in the blanks with the proper words

| 得 | 希望 | 为了 | 给 | 就 |
| 又 | 以为 | 更 | 似乎 | 把 |

以前有个公司的经理，他有很多钱，但是他不认识字。他觉得不认识字，工作的时候很不方便。

经理有个儿子，他_____儿子小时候就能学习认字，长大以后可以更好地工作。

_____让儿子好好学习，他用了很多钱，_____儿子请了一位很好的老师。他让老师每天来家里教他的儿子。

第一天，老师用笔在一张很大的纸上写了一笔，告诉经理的儿子说："这是个'一'字。"经理的儿子学_____很认真，很快就学会了。晚上，经理问儿子："今天学了什么？"儿子很快地回答说："今天我学了一个'一'字。"儿子还找来了一张纸，在纸上写了个大大的"一"字给爸爸看。经理看见儿子一天_____学会了一个汉字，心里十分高兴。

第二天，老师_____用笔在纸上写了两笔，说："这是个'二'字。"这个汉字，儿子又很快地记住了。晚上，他又把今天学习的汉字写给爸爸看。经理看见儿子又认识了一个汉字，就_____高兴了。

第三天，老师用笔在纸上写了三笔，说："这是个'三'字。"儿子_____明白了别的汉字应该怎么写了。晚上，儿子告诉经理今天学了什么，并且对经理说："爸爸，认字很容易，我已经都学会了。您不要每天给老师很多钱，让他来教我了。"经理_____儿子真的学会了认字、写字，就让老师以后不要来了。

过了几天，经理想请一位姓"万"的朋友来他家吃饭，就让儿子给这位朋友写封信。儿子说："行，这很容易。"可是，经理等了很长时间，儿子也没_____信写好。经理着急了，就来儿子的房间问："怎么了？信写好了吗？"

经理一进来，儿子就着急地说："爸爸，您的朋友为什么要姓'万'呢？您看，我写到现在，才写了三千笔呢，什么时候才能写到'万'呢？"

第七课　黄英爸爸开车把佳佳送回学校

生词

1. 过年	（动）	guò nián	to celebrate the lunar New Year	설을 쇠다	年越し、新年を祝う
2. 套	（量）	tào	set, suite	채	組になっているものを数える単位
3. 室	（名）	shì	room	칸	部屋
4. 厅	（名）	tīng	hall	홀, 거실	広間
5. 长方形	（名）	chángfāngxíng	rectangle	장방형	長方形
6. 餐桌	（名）	cānzhuō	dinner table	식탁	ディナーテーブル
7. 客厅	（名）	kètīng	hall	홀, 거설	客間
8. 花瓶	（名）	huāpíng	vase	꽃병	花瓶
9. 插	（动）	chā	to insert	꽂다	挿し、込む
10. 另	（代）	lìng	another	다른	別の
11. 组	（量）	zǔ	group	조	組

风光汉语 初级读写II

12. 沙发	（名）	shāfā	sofa	소파	ソファ
13. 卧室	（名）	wòshì	bedroom	침실	寝室
14. 书房	（名）	shūfáng	study	서재	書斎
15. 称赞	（动）	chēngzàn	to praise	칭찬하다	称賛
16. 得意	（形）	déyì	complacent	득의양양하다	得意になる
17. 盛	（动）	chéng	to fill	담다	盛る
18. 重播	（动）	chóngbō	to rebroadcast	재방송	再放送
19. 联欢	（动）	liánhuān	to hold a party	함께 모여 즐기다, 친목회	交歓する
20. 直播	（动）	zhíbō	live show	생방송	生放送
21. 结束	（动）	jiéshù	to end	끝나다	終わる
22. 排练	（动）	páiliàn	to rehearse	연습하다	練習する
23. 文艺	（名）	wényì	art	문예	文芸
24. 意义	（名）	yìyì	meaning	의의	意味、意義
中央电视台		Zhōngyāng Diànshìtái	CCTV (China Central Television)	중앙방송국 CCTV	CCTV（中国中央テレビ局）

课文

黄英家是过年前才搬进这套新房子的。她请佳佳参观她的家。这是一套三室两厅的房子。

餐厅里摆着一张长方形的餐桌和四把椅子。客厅里，一边是电视柜，电视柜上放着电视机，旁边的花瓶里还插着一束鲜

第七课　黄英爸爸开车把佳佳送回学校

花，另一边是一组沙发。

三个房间，有两个房间是朝南的，那个大一点儿的是黄英父母的卧室，小一点儿的是黄英的卧室。那个朝北的房间最小，是书房。房间里的东西都收拾得很整齐。

佳佳一边看，一边称赞黄英的家。黄英听着也很得意。

黄妈妈从厨房里盛了两碗热汤，端出来让她俩吃。她对佳佳和黄英说："来，外边冷，喝点儿热汤，暖和暖和。"

电视里正在重播除夕夜的春节联欢晚会。佳佳听说，很多中国人在除夕夜的重要活动就是看中央电视台直播的春节联欢晚会。晚会从开始到结束有四五个小时，节目也很丰富。

下午，黄妈妈带佳佳和黄英去了电视台。电视台正在排练春节期间的一个文艺节目。

晚上，佳佳和黄英一家人在一家餐厅吃晚饭。然后，黄英爸爸开车把佳佳送回学校。

佳佳觉得参加这样的活动很有意义。

句　子

1. 黄英家是过年前才搬进这套新房子的。
2. 客厅里，一边是电视柜，另一边是一组沙发。
3. 房间里的东西都收拾得很整齐。
4. 黄妈妈从厨房里盛了两碗热汤，端出来让她俩吃。
5. 黄英爸爸开车把佳佳送回学校。

练 习

一、替换，并造句 Substitute and make sentences with the given words or forms

1.

花瓶里	插着	一束很好看的鲜花。
餐厅里	摆着	一张长方形的餐桌和四把椅子。
墙上	挂着	两幅很美的画儿。

……动词+着……：

2.

客厅里，		是电视柜，		是一组沙发。
房间里，	一边	坐着几位客人，	另一边	坐着我们公司的人。
两边的墙上，		挂着一张地图，		挂着一幅画儿。

……一边……，另一边……：

3.

佳佳		看，		称赞黄英的家。
他们	一边	走，	一边	谈话。
她在上海		学习，		工作。

……一边……，一边……：

第七课 黄英爸爸开车把佳佳送回学校

4.

黄英父母的卧室	大	
黄英的卧室	小	一点儿。
房间里边比外边	暖和	

……形容词 + 一点儿：

5.

黄英爸爸	开车		佳佳	送回学校。
他朋友	打电话	把	他	叫出去了。
我	去车站		车票	买回来了。

……动词$_1$……+把……动词$_2$……：

二、填写适当的汉字　Fill in the blanks with the proper characters

1. 电视柜上放着的花瓶里插着一束_____花。

2. 晚会从开始到结_____有四五个小时，节目很丰富。

3. 黄妈妈从_____房里盛了两碗热汤，端出来让她俩吃。

4. 电视里正在重播除夕夜的春节_____欢晚会。

5. 房间里的东西都收_____得很整齐。

6. 电视台正在_____练春节期间的一个文艺节目。

7. 黄英请佳佳_____观她的家。

8. 那个大一点儿的房间是黄英父母的_____室。

三、读词语，选词语填空 Read the phrases, and choose the right one to fill in the blanks

| 端 | 参观 | 丰富 | 重播 | 盛 | 排练 |
| 活动 | 插 | 朝 | 收拾 | 称赞 | |

1. 朋友请我们_____她家新买的房子，这是一套三室两厅的房子。

2. 妈妈从厨房里_____了几碗热汤，_____出来让我们吃。

3. 电视里正在_____昨天晚上的文艺节目。

4. 看春节联欢晚会是很多中国人在除夕夜的重要_____。

5. 电视柜上放着电视机，旁边的花瓶里还_____着一束鲜花。

6. 这个晚会从开始到结束有四五个小时，节目很_____。

7. 她们正在_____一个迎接新年的文艺节目。

8. 三个房间，两个房间_____南，一个_____北。

9. 房间里的东西都_____得很整齐。

10. 大家都_____她的汉字写得好。

四、用所给的词语填空 Fill in the blanks with the given words

（一）朝　向

1. 我的房间窗户_____南，他们的房间_____东。

2. 王经理正_____客人们介绍自己的公司。

3. 见到李老师，我们都很热情地_____他打招呼。

（二）一点儿　有点儿

1. 今天比昨天暖和_____。

2. 我_____累了，想休息一会儿。

3. 明天你能不能早_____来？

五、用在哪儿　Where can we use it

1. 到：这个晚会从开始结束有四五个小时。

2. 才：她们家是过年前一个月搬进这套新房子的。

3. 朝：那个最小的北的房间是书房。

4. 得：房间里的东西都收拾很整齐。

5. 里：黄妈妈从厨房盛了几碗热汤，端出来请大家吃。

6. 这样的：佳佳觉得参加活动很有意义。

六、作文　Write a composition

我去过一次中国朋友家

第八课

原来，中国家庭招待客人的方式跟美国人不同

生 词

1. 招待	（动）	zhāodài	to receive (guests)	초대하다	もてなす、接待する
2. 方式	（名）	fāngshì	way; manner	방식	方式、方法
3. 做客	（动）	zuò kè	to be a guest	손님으로 방문하다	訪問する客になる
4. 荤	（名）	hūn	dish made of meat, fish, etc.	고기요리	魚や肉などの動物性食物
5. 素	（名）	sù	vegetable dish	야채요리	野菜料理
6. 炒	（动）	chǎo	to fry	볶다	炒める
7. 炸	（动）	zhá	to deep-fry	튀기다	揚げる
8. 道	（量）	dào	a classifier for dishes	종류	細長いものなどを数える単位
9. 小孩儿	（名）	xiǎoháir	child	어린이	こども

第八课　原来，中国家庭招待客人的方式跟美国人不同

10. 儿子	（名）	érzi	son	아들	息子
11. 几乎	（副）	jīhū	almost	거의	ほとんど
12. 直	（动）	zhí	straight	바르게 펴다	真っ直ぐである
13. 腰	（名）	yāo	waist	허리	腰
14. 经历	（名）	jīnglì	experience	경험	経験する
15. 使	（动）	shǐ	to make	하여금…하게하다	にをさせる
16. 不久	（形）	bùjiǔ	not long	멀지않다	間もなく
17. 主席	（名）	zhǔxí	chairman	주석	主席(最高指導者)
18. 当今	（名）	dāngjīn	present; current	현재	当面の、目前の
19. 富	（形）	fù	rich	부유하다	豊かな
20. 总裁	（名）	zǒngcái	director-general	총재, 사장, 회장	総裁
21. 宴会	（名）	yànhuì	banquet	연회	宴会
22. 人物	（名）	rénwù	personage	명사, 요인	人物
23. 并	（副）	bìng	often used as "并不" "并没", emphasizing the fact that things aren't what people might think them to be	별로, 결코, 그다지	決して（"不" "没" などの前に用いることが多い）
24. 材料	（名）	cáiliào	material	재료	材料
25. 普通	（形）	pǔtōng	common	보통	普通
26. 理解	（动）	lǐjiě	to understand	이해하다	理解
小李		Xiǎo Lǐ	a young person named Li	이씨	李さん

| 比尔·盖茨 | Bǐ'ěr Gàicí | Bill Gates 인명: 빌 게이츠 人名：ビルゲイツ |
| 微软 | Wēiruǎn | Microsoft 마이크로소프트 マイクロソフト |

课文

哈利前几天去一位中国朋友小李家里做客。小李的妈妈做了满满一桌子菜：又是鸡鸭，又是鱼肉；有荤的，也有素的；有炒的，也有炸的。一共有十几道菜。吃饭的只有七个人，其中还有一个小孩儿，是小李姐姐的儿子。

小李的妈妈特别热情。吃饭的时候，她不停地招呼哈利尝尝这个，尝尝那个。桌子上的很多菜是哈利以前没吃过的，他几乎每个菜都尝了尝。虽然每道菜他吃得都不多，但加在一起就很多了。这顿饭吃得哈利差点儿直不起腰来，他吃得太饱了。

这次经历使哈利想起了比尔·盖茨在家里招待中国客人的故事。

前不久，中国国家主席访问美国。当今世界上最富的人——微软总裁比尔·盖茨在家里招待中国国家主席。参加宴会的都是中美两国的一些重要人物。但宴会上的饭菜并不很特别。晚饭只是按照一般美国家庭用餐的习惯，上了三道菜，这三道菜的材料也都很普通。

现在，哈利明白了为什么有些中国朋友不太理解比尔·盖茨招待中国客人的方式了。原来，中国家庭招待客人的方式跟美国人不同。

第八课 原来，中国家庭招待客人的方式跟美国人不同

1. 小李的妈妈做了满满一桌子菜：又是鸡鸭，又是鱼肉。
2. 吃饭的有七个人，其中还有一个小孩儿。
3. 吃饭的时候，她不停地招呼哈利尝尝这个，尝尝那个。
4. 这顿饭吃得哈利差点儿直不起腰来。
5. 原来，中国家庭招待客人的方式跟美国人不同。

一、替换，并造句 Substitute and make sentences with the given words or forms

1.

她做了满满一桌子菜：		鸡鸭，		鱼肉。
桌子上放着很多东西：	又是	报纸，	又是	杂志。
大家都很高兴，		说		笑。

……又是……又是……：

2.

吃饭的有七个人，		有一个小孩儿。
我在中国住了四年，	其中	有一年住在北京。
这些人我都认识，		有两个是我们班同学。

……，其中……：

3.

她不停地招呼哈利	尝尝	尝尝
他问了很多问题， 一会儿问问	这个， 一会儿问问	那个。
他昨天想了很多，	想想	又想想

……这个，……那个：

4.

这顿饭	吃	哈利差点儿直不起腰来。
今天	饿 得	我一点儿力气也没有了。
昨天	忙	大家没时间休息。

……动词/形容词+得+主语+谓语：

5.

这次经历	哈利	想起了一个故事。
这张照片	使 我	想起了以前的一个朋友。
这儿的生活	我们	感到很愉快。

……使……：

6.

宴会上的饭菜		很特别。
来中国以前，我	并不	了解上海。
这些东西很漂亮，但		很贵。

……并不……：

二、填写适当的汉字　Fill in the blanks with the proper characters

1. 哈利前几天去一位中国朋友小李家里_____客。

第八课　原来，中国家庭招待客人的方式跟美国人不同

2. 吃饭的时候，她不停地招_____哈利尝尝这个，尝尝那个。
3. 他几_____每个菜都尝了尝。
4. 这次经历使哈利想起了比尔·盖茨在家里招_____中国客人的故事。
5. 参加宴会的都是中美两国的一些重_____人物。
6. 这三道菜的材料都很普_____。
7. 原来，中国家庭招待客人的方_____跟美国人不同。
8. 现在，哈利明白了为什么有些中国朋友不太理_____美国人招待客人的方式了。

三、读词语，选词语填空　Read the phrases, and choose the right one to fill in the blanks

| 几乎 | 道 | 差点儿 | 重要 | 当今 | 按照 |
| 理解 | 满满 | 招呼 | 明白 | 方式 | |

1. 小李的妈妈准备了_____一桌子菜。
2. 谁是_____世界上最富的人？
3. 吃饭的时候，主人不停地_____客人尝尝这个，尝尝那个。
4. 哈利_____了为什么有些中国朋友不太_____美国人招待客人的方式了。
5. 原来，中国家庭招待客人的_____跟美国人不同。
6. 她做了十几_____菜：有荤的，也有素的；有炒的，也有炸的。
7. 他_____每个菜都尝了尝，有很多是他以前没吃过的。
8. 这顿饭吃得我们_____直不起腰来。
9. 参加今天宴会的都是一些_____人物。
10. 晚饭只是_____一般家庭的用餐习惯，上了几道菜。

四、用"几乎"和"差点儿"填空 Fill in the blanks with "几乎" and "差点儿"

1. 桌子上的菜很多,他_____每个菜都尝了尝。

2. 买票的人很多,我们_____没买到票。

3. 像北京、上海、西安、广州这些城市,他_____都去过。

4. 昨天我_____把照相机丢在车上了。

五、用在哪儿 Where can we use it

1. 满满:今天家里要来客人,妈妈做了一桌子菜。

2. 其中:一共来了六个人,有一个小孩儿。

3. 几乎:桌子上的菜每一个都是我没吃过的。

4. 在:虽然每道菜他吃得都不多,但加一起就很多了。

5. 并:宴会上的饭菜不很特别。

6. 使:这次经历哈利想起了一个故事。

六、读短文,填空 Read the passage, and fill in the blanks with the proper words

| 离 | 出发 | 可是 | 一直 | 就 |
| 往 | 应该 | 仍然 | 虽然 | 只好 |

从前,有个很有钱的人,他的家在北方,他要去南方的楚国。_____的时候,他带了很多钱,准备了很好的马和马车,还请了一个特别好的赶车人。

这个富人的家_____楚国不太远。如果他的方向是对的,半个月_____能到了。可是,这个人让赶车人赶着马车_____向北跑。他们的方向错了。

第八课　原来，中国家庭招待客人的方式跟美国人不同

　　这个富人听别人说半个月就能到楚国，_____他们走了一个多月还没到。他有点儿着急了。

　　路上有位老人问他要去哪儿，他回答说："去楚国！"老人告诉他说："到楚国去_____往南方走，你这是在_____北走，方向不对。"那个富人说："没关系，我的马很快。"

　　老人也很着急，站在马车前边，说："你的方向错了。_____你的马很快，但也不能到楚国呀！"富人_____说："没关系，我带的钱还有很多呢！"

　　老人更着急了，对富人说："我知道你有很多钱，可是你走的方向不对，你怎么能到楚国呢？"

　　那个富人有点儿生气（shēngqì, angry）了，对老人说："这跟你没关系。我的赶车人是最好的！"

　　老人没有办法，_____让富人继续往北跑。

　　你想，这个富人什么时候才能到楚国呢？

第九课

上海是个国际化的城市嘛

生 词

1. 国际	（名）	guójì	international	국제	国際
2. …化		…huà	a suffix like -ize, -ify	…화, …적	…化する
3. 讨论	（动）	tǎolùn	to discuss	토론하다	討論する
4. 详细	（形）	xiángxì	detailed	상세하다	詳しい
5. 地理	（名）	dìlǐ	geography	지리	地理
6. 差别	（名）	chābié	difference	차별	へだたり
7. 偏	（动）	piān	slanting	…편, 비교적	傾く
8. 东部	（名）	dōngbù	eastern part	동부	東部分
9. 西部	（名）	xībù	western part	서부	西部分
10. 葱	（名）	cōng	onion	파	ネギ
11. 蒜	（名）	suàn	garlic	마늘	ニンニク
12. 味儿	（名）	wèir	taste	냄새	味
13. 醋	（名）	cù	vinegar	식용초	酢

第九课　上海是个国际化的城市嘛

14. 主要	（形）	zhǔyào	main	주요하다	主な
15. 辣椒	（名）	làjiāo	hot pepper	고추	トウガラシ
16. 开放	（形）	kāifàng	open	개방하다	（対外的に）開放する
17. 本	（代）	běn	one's own	본	我が
18. 本地	（名）	běndì	local, this place	본 지역	当地
19. 内地	（名）	nèidì	the interior	내륙	内陸
20. 料理	（名）	liàolǐ	restaurant	요리	料理
21. 市	（名）	shì	city, municipality	시	市
22. 区	（名）	qū	area, district	구	区

山东	Shāndōng	Shandong Province	지명：산동	地名：山東
山西	Shānxī	Shanxi Province	지명：산서	地名：山西
四川	Sìchuān	Sichuan Province	지명：사천	地名：四川

课　文

（唐华在和大家讨论中国人的饮食习惯）

丽　莎：老师，我听说中国南方和北方的饮食习惯很不一样，您能详细介绍一下吗？

唐　华：中国南方和北方的地理环境不同，气候差别也比较大，人们的饮食习惯也很不相同。人们常说"南甜北咸"，意思是南方菜偏甜，北方菜偏咸。

丽　莎：我还听说过"东辣西酸"，是不是东部人们爱吃辣的，西部人们爱吃酸的？

唐　华：对。东部的一些地区，像山东，许多人爱吃葱和蒜。西部的一些地区，像山西，人们爱吃酸味儿的。山西的醋很有名。

哈　利：四川菜也是辣的。但是，四川在西部，并不在东部啊。

唐　华：四川菜很辣，主要是因为他们的菜里有很多辣椒。

金大永：可是，上海在南方，为什么这儿也有很多饭店的菜是辣的呢？

唐　华：上海是个开放的城市，这儿的饭店不都是本地的。在上海，不仅有很多内地人开的饭店，还有许多外国人开的餐厅呢。

芳　子：对，我们学校外边就有一家日本料理。

唐　华：市区里不仅有很多日本、韩国的餐厅，还有许多其他国家的人开的餐厅。上海是个国际化的城市嘛！

句子

1. 人们常说"南甜北咸"，意思是南方菜偏甜，北方菜偏咸。
2. 东部的一些地区，像山东，许多人爱吃葱和蒜。
3. 四川在西部，并不在东部啊。
4. 在上海，不仅有很多内地人开的饭店，还有许多外国人开的餐厅呢。

第九课 上海是个国际化的城市嘛

一、替换，并造句 Substitute and make sentences with the given words or forms

1.

"南甜北咸"		南方菜偏甜，北方菜偏咸。
"不客气"	意思是	不用客气。
"日本料理"		日本风味的饭店。

……意思是……：

2.

东部的一些地区，	像山东，	许多人爱吃葱和蒜。
南方很多地区，	像广州，	冬天一点儿也不冷。
有一些汉字，	像"妈"和"吗"，	发音差不多。

……，像……，……：

3.

四川在西部，		在东部啊。
我	并不	希望让她不高兴。
现在是春天，		是冬天啊。

……并不……：

4.

四川菜很辣，		是因为他们的菜里有很多辣椒。
我来中国，	主要	是为了学好汉语。
我们上口语课时		练习汉语口语。

……主要……：

5.

在上海，		有内地人开的饭店，		有许多外国餐厅呢。
她	不仅	吃过中国菜，	还	会做几道广东菜呢。
我们		到过西安，		在那儿住过十几天呢。

……不仅……，还……（呢）：

二、填写适当的汉字 Fill in the blanks with the proper characters

1. 您能详_____介绍一下中国南方和北方的饮食习惯有什么不一样吗？

2. 南方和北方的地理环境不同，气候_____别也比较大。

3. 人们常说"南甜北咸"，意_____是南方菜偏甜，北方菜偏咸。

4. 不同_____区，人们的饮食习惯也有许多不同。

5. 东_____的一些地区，像山东，许多人爱吃葱和蒜。

6. 上海是个国_____化的大城市。

7. 上海也是一个开_____的城市。

8. 市区里不仅有日本、韩国的餐厅，还有许多_____他国家的人开的餐厅。

第九课　上海是个国际化的城市嘛

三、读词语，选词语填空　Read the phrases, and choose the right one to fill in the blanks

```
地区    并不    详细    偏    差别    主要
本地    开放    像      外地   国际    偏
```

1. 中国南方和北方的气候有什么不一样，您能不能_____介绍一下？
2. 世界上，不同_____人们的饮食习惯也很不相同。
3. 四川在西部，_____在东部啊。
4. 我们生活在一个_____化的大城市里。
5. 南方和北方的地理环境不同，气候_____也比较大。
6. "南甜北咸"意思是南方菜_____甜，北方菜_____咸。
7. 东部的一些地区，_____山东，许多人爱吃葱和蒜。
8. 大连跟上海一样，也是一个_____的城市。
9. 四川菜很辣，_____是因为他们的菜里有很多辣椒。
10. 这些饭店不都是_____人开的，有些是_____人或外国人开的。

四、用所给的词语填空　Fill in the blanks with the given words

（一）重要　主要

1. 午饭我们_____吃米饭，有时候也吃面条。
2. 学习生词和语法很_____，练习发音也很_____。
3. 今天我们_____学习了课文，也做了一点儿练习。

（二）差别　不一样

1. 北京的气候和环境跟上海都_____。
2. 汉语语法和英语语法有很大_____。
3. 老人和年轻人的生活习惯很_____。

五、用在哪儿　Where can we use it

1. 在：老师和同学们讨论南方人和北方人的饮食习惯。
2. 并：很多人不知道她是外国人。
3. 就：我们学校外边有两家很大的韩国餐厅。
4. 也：南方和北方的地理环境不同，气候差别比较大。
5. 是：她去北京主要为了练习汉语口语。
6. 一下：您能详细介绍你们公司的情况吗？

六、作文　Write a composition

_____（人）的饮食习惯

第十课　哈利不好意思地把相机收了起来

生词

1. 收	（动）	shōu	to take back	거두다		収める
2. 杂技	（名）	zájì	acrobatics	잡기, 여러가지 곡예		雜技
3. 深刻	（形）	shēnkè	profound	심각하다, 뜻 깊다		深く心にのこる
4. 印象	（名）	yìnxiàng	impression	인상		印象
5. 观看	（动）	guānkàn	to watch	관람하다		眺める
6. 服装	（名）	fúzhuāng	clothing	옷		服装
7. 更加	（副）	gèngjiā	more	더욱더		ますます
8. 吸引	（动）	xīyǐn	to attract	흡인하다, 빠지다		引き付ける
9. 从来	（副）	cónglái	as ever; always	종래, 지금까지		これまで
10. 现场	（名）	xiànchǎng	scene	현장		現場

67

11. 兴奋	(形)	xīngfèn	excited	흥분하다, 북받치다	興奮する
12. 拍照	(动)	pāi zhào	to take a photograph	사진 찍다	写真を撮る
13. 小声		xiǎo shēng	in a low voice	작은 소리	小声で
14. 注意力	(名)	zhùyìlì	attention	주의력	注意力
15. 集中	(动)	jízhōng	to concentrate	집중하다	集中する
16. 闪	(动)	shǎn	to flash	플래시를 켜다	フラッシュ
17. 分散	(动)	fēnsàn	to decentralize	분산시키다	分散する
18. 影响	(动)	yǐngxiǎng	to influence	영향을 주다	影響する
19. 效果	(名)	xiàoguǒ	effect	효과	効果
20. 惊险	(形)	jīngxiǎn	thrilling	아슬아슬하다	恐怖感を与える
21. 动作	(名)	dòngzuò	action	동작	動作
22. 敢	(动)	gǎn	to dare	감히…하다	敢えて…する
23. 睁	(动)	zhēng	to open (the eyes)	눈을 뜨다	目を見張る
24. 鼓掌	(动)	gǔzhǎng	to applaud	박수치다	拍手する、手(て)をたたく
25. 谢意	(名)	xièyì	thankfulness	감사	感謝の気持ち

上海商城		Shànghǎi Shāngchéng	a building in Shanghai	건물명	上海商城劇院

课 文

在法国的时候,丽莎看过一次国际杂技比赛。在那次比赛

第十课　哈利不好意思地把相机收了起来

中，中国演员们的表演，给她留下了深刻的印象。

来上海以后，她听说上海商城经常有杂技表演。昨天晚上她约了几位朋友一起去观看了一次。

演出的剧场不太大，有上下两层。表演快开始的时候，剧场里坐满了观众，其中也有不少外国观众。

表演开始了。舞台的灯光、演员们的服装都很有特色。更加吸引人的当然是演员们表演的一个个精彩的节目。有些节目丽莎以前已经看过了，有些节目是第一次看。

哈利以前只是在电视上看过杂技，从来没看过现场表演。这次他很兴奋。看到精彩的节目时，他拿出照相机来准备拍照，但丽莎叫他不要拍。丽莎小声地说，演员在表演时，注意力要十分集中。照相机的闪光会分散演员的注意力，影响表演的效果。哈利不好意思地把相机收了起来。

芳子也是第一次在现场看杂技表演。看到惊险的表演动作时，她紧张得不敢睁开眼睛。

看完表演，观众们长时间地鼓掌，向演员们表示感谢。演员们也一起出来向观众们表示谢意。

句　子

1. 演员们的表演，给她留下了深刻的印象。
2. 剧场里坐满了观众，其中也有不少外国观众。
3. 更加吸引人的当然是演员们表演的一个个精彩的节目。
4. 照相机的闪光会分散演员的注意力，影响表演的效果。

练 习

一、替换，并造句 Substitute and make sentences with the given words or forms

1.

演员们的表演		她		了深刻的	
上海	给	我们	留下	了很好的	印象。
北京的生活		我		了难忘的	

……给……留下……印象：

2.

剧场里	坐满了	观众。
公共汽车上	挤满了	人。
柜子里	挂满了	衣服。

……（地方）+动词+满（+了）……：

3.

哈利以前		看过杂技的现场表演。
我奶奶	从来没	坐过飞机。
海南的冬天		下过雪。

……从来没……：

第十课　哈利不好意思地把相机收了起来

4.

照相机的闪光会		表演的效果。
在教室里谈话会	影响	别人看书学习。
我们不要		他们休息。

……影响……：

5.

观众们		演员们		感谢。
演员们也一起	向	观众们	表示	谢意。
跟别人打招呼是		别人		友好。

……向……表示……：

二、填写适当的汉字　Fill in the blanks with the proper characters

1. 观看表演的时候哈利很_____奋。

2. 杂技演员在表演时，注意力要十分_____中。

3. 看完表演，观众们长时间地_____掌，向演员们表示感谢。

4. 演员们表演的一个个精彩的节目都很_____引人。

5. 照相机的闪光会分_____演员的注意力，影响表演的效果。

6. 那次表演给我们留下了非常深刻的_____象。

7. 看到惊险的表演动作时，她紧_____得不敢睁开眼睛。

8. 舞台的灯光、演员们的服装都很有_____色。

三、读词语，选词语填空 Read the phrases, and choose the right one to fill in the blanks

| 不好意思 | 集中 | 紧张 | 现场 | 其中 |
| 表示 | 深刻 | 约 | 影响 | 精彩 |

1. 杂技演员在表演时，注意力要十分_____。
2. 照相机的闪光会分散演员的注意力，_____表演的效果。
3. 听了丽莎的话，哈利_____地把相机收了起来。
4. 他们俩都是第一次在_____看杂技表演。
5. 演员们的精彩表演，给她留下了_____的印象。
6. 看完表演，观众们长时间地鼓掌，向演员们_____感谢。
7. 演员们的表演动作很惊险，她_____得不敢睁开眼睛看。
8. 剧场里坐满了观众，_____也有不少外国观众。
9. 演员们表演的一个个节目都十分_____。
10. 昨天晚上她_____了几位朋友一起去看了一场杂技表演。

四、用"上"、"下"、"出"、"起来"和"出来"填空 Fill in the blanks with "上"、"下"、"出"、"起来" and "出来"

1. 那次旅行给我们留_____了十分深刻的印象。
2. 哈利拿_____照相机来准备拍照。
3. 表演结束后，演员们一起走_____，向观众们表示感谢。
4. 他喜欢_____了看杂技表演，说以后还要来看。
5. 听了丽莎的话，他又不好意思地把相机收了_____。

第十课　哈利不好意思地把相机收了起来

五、用在哪儿　Where can we use it

1. 一次：来中国以前，她看过国际杂技比赛。
2. 向：看完表演，观众们长时间地鼓掌，演员们表示感谢。
3. 只是：我以前在电视上看过杂技表演。
4. 当然：更加吸引人的是演员们表演的一个个精彩的节目。
5. 要：演员在表演时，注意力十分集中。
6. 过：有些节目丽莎以前已经看了。

六、读短文，填空　Read the passage, and fill in the blanks with the proper words

| 要是 | 可能 | 别的 | 正在 | 离 |
| 跟着 | 所以 | 不但 | 以为 | 还是 |

有一天，山上有一只很饿的老虎，它_____到处找东西吃。突然，它发现附近有一只狐狸（húli, fox），就很快地冲上去，很容易就抓住了它。老虎很高兴，心里想，今天可以美美地吃一顿了。

狐狸被老虎抓住以后，它非常着急，心想："今天_____要被老虎吃了。怎么办呢？"但它很快就想出了一个办法。

狐狸对老虎说："你不知道吗？在这座山上，我是王（wáng, king）。你_____吃了我，是一定不会有好结果（jiéguǒ, result）的。"

老虎只知道自己在山上是最强大的，_____动物看到它来了，都逃得远远的，所以它不太相信狐狸的话。老虎就问狐狸："我怎么不知道你是这座山上的王呢？"狐狸很快地说："我是新来的，所以你还不知道。你要是不相信我的话，现在可以_____我到山上去走一走。我让你自己看看，别的动物看见我的时候，是什么样子。"

老虎想知道狐狸的话是真的_____假的，于是，就让狐狸在前面走，它自己跟在狐狸的后边。它们俩一前一后，_____得很近。

山里的一些动物，像山羊、驴什么的，远远地看见老虎来了，一个个都很怕，早早地就跑开了。老虎看见了很多别的动物很怕的样子，它_____那些动物真的很怕狐狸呢。狐狸也看到了，心里很高兴。

这时候，狐狸对老虎说："怎么样，你看见了吧？山上的动物，有谁不怕我呢？"

老虎不知道那些动物是怕它自己，_____就相信了狐狸的话。最后，老虎_____没咬死狐狸，而且它自己也有点怕狐狸了。

第十一课　她俩觉得就像在演电影一样

生　词

1. 部	（量）	bù	a classifier for films	부, 편	映画を数える単位
2. 对话	（名）	duìhuà	dialogue	대화	対話
3. 女主人公		nǚ zhǔréngōng	heroine	여주인공	ヒロイン
4. 先后	（副）	xiānhòu	one after another	연달아잇따라	相次いで
5. 大约	（副）	dàyuē	probably	약, 대략	およそ
6. 样式	（名）	yàngshì	style	양식, 격식, 스타일	スタイル
7. 旗袍	（名）	qípáo	cheongsam	중국 여성의 전통옷	チャイナドレス
8. 件	（量）	jiàn	a quantifier for clothes	벌	衣類を数える単位

75

9. 合适	(形)	héshì	suitable	적당하다, 알맞다	ちょうど良い
10. 而是	(连)	érshì	but	…아니라 …이다	しかし
11. 亲戚	(名)	qīnqi	relative	친척	親戚
12. 浓	(形)	nóng	strong or great	농후하다, 짙다	濃い
13. 打听	(动)	dǎting	to make inquiries about	수소문하다	問い合わせる
14. 专门	(副)	zhuānmén	specially	전문	専門の、特殊化された
15. 著名	(形)	zhùmíng	famous	유명하다	有名である
16. 以及	(连)	yǐjí	and	…와…	…および
17. 亲自	(副)	qīnzì	personally	친히, 몸소, 직접	自分で
18. 量	(动)	liáng	to measure	재다	はかる
19. 尺寸	(名)	chǐcùn	size	치수	サイズ
20. 镜子	(名)	jìngzi	mirror	거울	鏡
21. 照	(动)	zhào	to face a mirror or other reflective surface	거울을 보다, 비추다	映る
22. 演	(动)	yǎn	to act	연출하다	演じる
花样年华		Huāyàng Niánhuá	beautiful age (a title of a movie)	영화 이름 화양년화	映画のタイトル:『ビューティフルエイジ』
香港		Xiānggǎng	Hong Kong	홍콩	地名:ホンコン

第十一课　她俩觉得就像在演电影一样

课 文

最近,芳子和朋友们看了一部电影,名字叫《花样年华》。电影里的对话,芳子她们听得不太明白,但她们最感兴趣的是演员的服装。电影里的女主人公是一位美丽的香港演员,在这部电影里,她先后大约换了二十多次服装,每一次都是不同颜色、不同样式的旗袍。每一件旗袍穿在她身上,都不胖不瘦、不长不短,很合适。在芳子的眼里,这不是一部电影,而是一次次穿旗袍的表演。

芳子在日本的时候,也看到过一些来中国旅游的亲戚朋友带回去的旗袍,她很喜欢,觉得很有特色。这次看了这个电影,她对旗袍的兴趣更浓了。

芳子打听到一个消息:电影《花样年华》里的旗袍就是在上海的一家专门做旗袍的老店里做的。店里有一位满头白发的老师傅,已经八十多岁了,很多著名人物以及外国朋友都希望得到他做的旗袍。

十天前,芳子和佳佳找到了这家旗袍店。她们想在这儿做一件旗袍。非常高兴的是,那位很有名的老师傅亲自给她们量了尺寸。一个星期以后,她们拿到了自己的旗袍。她们在店里试了试,对着镜子照照,她俩觉得就像在演电影一样!

句子

1. 芳子她们听得不太明白。
2. 每一件旗袍穿在她身上,都不胖不瘦、不长不短,很合适。
3. 这不是一部电影,而是一次次穿旗袍的表演。
4. 她俩觉得就像在演电影一样。

练习

一、替换,并造句 Substitute and make sentences with the given words or forms

1.

丽莎	说		不太好。
哈利	吃	得	很多。
芳子	玩		很开心。

……动词+得……

2.

丽莎		胖			瘦。
这双鞋	不	大	(也)	不	小。
他的个子		高			矮。

……不……(也)不……

第十一课 她俩觉得就像在演电影一样

8.

这		一部电影，		一次次穿旗袍的表演。
她	不是	学生，	而是	老师。
老王		没有钱，		不会花。

……不是……，而是……

二、选词填空 Fill in the blanks with the given words

亲自　　亲口　　亲手　　亲身　　亲眼

1. 这个菜是我_____做的，你尝尝味道怎么样？

2. 昨天，我_____看见他俩一起出去了。

3. 王经理_____出席了昨天下午举行的会议。

4. 我们都没有_____经历那段历史。

5. 芳子_____告诉了我一个秘密，并且让我不要对别人讲。

三、用在哪儿 Where can we use it

1. 大约：我给王芳打过电话，她六点钟到。

2. 以及：你能不能介绍一下这里的住宿条件周围的环境？

3. 专门：这家商店是卖上海特产的。

4. 希望：妈妈和爸爸我明年能考上大学。

5. 不太：我的弟弟喜欢和陌生人说话。

6. 想：我教过的韩国留学生都去看北京的故宫。

四、读短文，填空 Read the passage, and fill in the blanks with the proper characters

昨天，学校放假了。我回_____家里，吃完午饭，妈妈告诉我，她想去买衣服，我_____算和妈妈一起去。我们去了三家商店，但是没有买到_____适的衣服。后来，我们碰到了我的同学王美，她和她的妈妈也在_____衣服。王美穿着一_____新衣服，是她妈妈给她买的，衣服是红_____的。我也很喜欢。于是，妈妈也给我买了一件。我们在店里试衣服，觉_____像在演电影一样！

五、仿照例句造句 Make sentences after the model

V + 得 + 补语

Model：说　得　好

张军口语说得好。→ 你口语说得好吗？
　　　　　　　　　　我口语说得不好。

1. 走　得　快

　　→ _____

2. 长　得　好看

　　→ _____

不……不……

Model：不冷　不热

中国的春天不冷不热。→ 韩国的春天也不冷不热吗？

1. 不远　不近

　　→ _____

2. 不好　不坏

　　→ _____

第十一课　她俩觉得就像在演电影一样

六、连词成句　Arrange the given words into the sentences

1. 亲戚　北京人　上海人　我的　而是　不是
2. 著名　演员　香港　他是　的
3. 部　是　这　电影　好看　的　一
4. 眼里　在　妈妈　我　的　很　美丽

七、作文　Write a composition

我在_____买了一件衣服

第十二课

在学校外边租房子比住宾馆便宜

生词

1. 租	(动)	zū	to rent	임차하다, 임대하다	借りる
2. 周围	(名)	zhōuwéi	surroundings	주변	周囲
3. 房屋	(名)	fángwū	house	집	家、家屋
4. 中介	(名)	zhōngjiè	intermediary	중개	仲介する
5. 熟悉	(动)	shúxī	to be familiar with	익숙하다, 익다	熟知する
6. 里边	(名)	lǐbian	inside	안	内部
7. 合	(动)	hé	to do something together	같이	共に
8. 面积	(名)	miànjī	measure of area	면적	面積
9. 显得	(动)	xiǎnde	to seem	나타나다, 드러나다	いかにも…に見える

第十二课　在学校外边租房子比住宾馆便宜

10. 渐渐	(副)	jiànjiàn	gradually	점점	しだいに
11. 好些	(数)	hǎoxiē	many	많은	多くの
12. 的确	(副)	díquè	truly	확실히	確かだ
13. 而	(连)	ér	but	…지만, …면서	しかし
14. 家具	(名)	jiājù	furniture	가구	家具
15. 之后		zhīhòu	after that	…후에	…した後
16. 应	(动)	yīng	should	응당하다	答える
17. 具备	(动)	jùbèi	to possess	갖추다, 구비하다	備える
18. 条件	(名)	tiáojiàn	condition	조건	条件
19. 首先	(连)	shǒuxiān	first	우선, 먼저	第一に、まず
20. 其次	(代)	qícì	next	다음	それから
21. 处	(量)	chù	a classifier for location	곳	場所
22. 费用	(名)	fèiyòng	expense	비용	費用
23. 吵	(形)	chǎo	noisy	싸우다	騒がしい
24. 看来		kànlái	it looks as if	보기에	見たところ…のようだ

课　文

　　金大永这几天在学校周围的房屋中介公司找房子。

　　去年刚来的时候,他对学校周围的环境不熟悉,就在学校里边的宾馆住下了。他和另一个留学生合住一个房间。房间面积不大,显得很挤。有客人来的时候,就很不方便。

　　在这儿过了半年多以后,渐渐熟悉了环境,他了解到好些同学都住在学校外边，他看了觉得挺好的，所以也想搬出去住。

找房子之前，他做了一些比较。

从去教室上课来看，住学校的宾馆的确比住外边方便。从宾馆去教室，十分钟就到了；而住在外边，可能要半个小时或一个小时。要是下雨的话，就更不方便了。

从价格来看，在学校外边租房子比住宾馆便宜。外边租的房子里家具比较全，而且一般都有厨房，如果愿意，还可以自己做饭。

决定了之后，他考虑自己要找的房子应具备这样几个条件：首先要干净；其次要安静；三要方便；四要离学校近一点儿；五要便宜一点儿。

这两天他已经去了好几家中介公司，也看了几处房子。有的房子价格不贵，但是远了一点儿；有的房子就在学校附近，但费用比较贵，而且也很吵。看来，要找到真正满意的房子还真不容易。

句　子

1. 住学校的宾馆的确比住外边方便。
2. 从宾馆去教室，十分钟就到了。
3. 要是下雨的话，就更不方便了。
4. 有的房子价格不贵，但是远了一点儿；有的房子就在学校附近，但费用比较贵，而且也很吵。

第十二课　在学校外边租房子比住宾馆便宜

练 习

一、替换，并造句 Substitute and make sentences with the given words or forms

1.

这些楼房		高，		矮。
他买的苹果	有的	大，	有的	小。
学生们的头发		长，		短。

……有的……有的……

2.

	去教室上课		住学校里的宾馆比较方便。
从	价格	来看，	在学校外边住比较便宜。
	她穿的衣服		她很富有。

从……来看，……

3.

芳子	说得		哈利好。
小刘	吃得	比	小王多。
李阳	做得		大家好。

……动词+得+比……

二、改写下面的句子　Rewrite the sentences

（一）有的……有的……

1. 放学了，同学们都在干自己的事情，吃饭，看书，还有人打球。

2. 花园里有很多花，这些花有很多颜色，红色，黄色，还有些是白色的。

（二）A 比 B……

1. 我读书少，他读书多。

2. 学校的宿舍价格不贵，学校外的宾馆价格贵。

（三）要是……就……

1. 明天下雨的话，我不回家了。

2. 他家里有厨房，他可以自己做饭。

三、连词成句　Arrange the given words into the sentences

1. 宾馆　十分钟　教室　就　从　到了　去

2. 宿舍　学校　的　住　方便　非常

3. 乘　挤　公共汽车　出租车　比　方便

4. 别　远　要是　太　去了　就

5. 汉字　有的大　为什么　有的小　写的　你

四、用所给的词语造句　Make sentences with the following words

1. 渐渐 → _____

2. 显得 → _____

3. 看来 → _____

第十二课　在学校外边租房子比住宾馆便宜

五、填写适当的汉字　Fill in the blanks with the proper characters

1. 去年刚来的时候,他对学校周围的环境不熟_____。
2. 从去教室上课来看,住学校的宾馆_____住学校外面方便。
3. 考完试之_____,他打算自己去找房子。
4. 房子就在学校附近,但费_____比较贵。
5. 看_____,要找到真正满意的房子还真不容易。
6. 如_____明天天气好,我去你家玩。

六、用"A 比 B……"、"从……到 / 去……"、"要是……就……"完成下面的对话　Complete the dialogue with "A 比 B……", "从……到 / 去……" and "要是……就……"

1. A：这家商店的东西贵吗?
   B：对面那家商店的东西_____这家商店的便宜。
2. A：你的头发很漂亮。
   B：王平的头发_____我的还要漂亮。
3. A：_____这里_____学校远吗?
   B：不远,往前走五分钟就到了。
4. A：你能告诉我_____我家_____你家怎么走吗?
   B：好的。先坐43路公共汽车,坐四站然后转乘地铁到人民广场。
5. A：_____下雨的话,_____不去公园了,好吗?
   B：好的。
6. A：如果我见到老师,我会告诉她的。
   B：_____见不到的话_____算了。

七、用指定的词语写一段话　Write some sentences or a passage with the given words

要是……就……　　熟悉　　周围　　渐渐　　之后　　好些

第十三课

今天很多人吃粽子，因为今天是端午节

生词

1. 粽子	(名)	zòngzi	rice dumpling	종자	ちまき
2. 发现	(动)	fāxiàn	to find	발견하다	発見する
3. 叶子	(名)	yèzi	leaf	잎	葉
4. 包	(动)	bāo	to wrap	싸다, 싸매다	包む
5. 剥	(动)	bāo	to peel	벗기다, 까다	(皮などを)むく
6. 叫做	(动)	jiàozuò	to be called	…라고 한다	…と呼ばれる
7. 食品	(名)	shípǐn	food	식품	食品
8. 豆沙	(名)	dòushā	bean paste	콩소	つぶあんこしあん
9. 纪念	(动)	jìniàn	to commemorate	기념하다	記念する
10. 伟大	(形)	wěidà	great	위대하다	偉大

第十三课　今天很多人吃粽子，因为今天是端午节

11. 诗人	（名）	shīrén	poet	시인	詩人
12. 正直	（形）	zhèngzhí	upright; honest	정직하다	正直である
13. 敬爱	（动）	jìng'ài	to respect and love	존경하다	敬愛する
14. 害	（动）	hài	to do harm to	해치다	災い
15. 低	（动）	dī	to lower (one's head); to submit	(머리를, 고개를) 숙이다	低くする
16. 跳	（动）	tiào	to jump	뛰어내리다	跳ぶ
17. 江	（名）	jiāng	river	강	大きな川
18. 担心	（动）	dān xīn	to worry	걱정하다	心配する
19. 划	（动）	huá	to paddle or row	젓다	こぐ
20. 船	（名）	chuán	boat	배	船
21. 投	（动）	tóu	to throw	던지다	投げる
22. 美好	（形）	měihǎo	beautiful	아름답다	すばらしい
23. 形成	（动）	xíngchéng	to form	생기다, 형성하다	形成する
24. 风俗	（名）	fēngsú	customs	풍속	風習
25. 举行	（动）	jǔxíng	to hold	거행하다	行う
26. 龙舟	（名）	lóngzhōu	the dragon boat	용주	竜の形の船
27. 软	（形）	ruǎn	soft	연하다, 무르다	ソフト

| 端午节 | | Duānwǔ Jié | the Dragon Boat Festival | 단오절 | 端午の節句 |
| 屈原 | | Qū Yuán | name of a poet | 구원 | 人名 |

课 文

　　早上，我去食堂吃早饭的时候，发现很多人在吃一种点心。这种点心的样子很特别：一种又长又大的叶子，里面包着米饭。吃的时候，把叶子剥掉，吃里面的米饭。李阳告诉我这种东西叫做粽子，是中国的传统食品。今天很多人吃粽子，因为今天是端午节。李阳说，除了米以外，粽子里面还包着别的东西，有的是甜的，有的是咸的。我和李阳买了两个豆沙粽。

　　一边吃粽子，李阳一边向我介绍了中国的端午节。原来，中国人过端午节，是为了纪念古代一位伟大的诗人，他的名字叫屈原。屈原是一个非常正直的人，人们非常敬爱他。但是，那时候，坏人常常害他。他不愿意向坏人低头，所以跳进了一条大江。人们担心鱼吃掉他的身体，就在江中划船，把鱼赶走。人们还把米包在叶子里，投进江中，让鱼吃。当然，这些都只是人们的美好愿望。后来就形成了端午节划船、吃粽子的风俗。端午节的时候，很多地方都举行划船比赛，这种活动叫做"划龙舟"。所以，端午节又叫做"龙舟节"。

　　粽子真好吃，又香又软。现在，不仅端午节的时候能买到，平时也能买到。

第十三课　今天很多人吃粽子，因为今天是端午节

 句子

1. 今天很多人吃粽子，因为今天是端午节。
2. 李阳说，除了米以外，粽子里面还包着别的东西，有的是甜的，有的是咸的。
3. 粽子真好吃，又香又软。
4. 现在，不仅端午节的时候能买到，平时也能买到。

 练习

一、替换，并造句　Substitute and make sentences with the given words or forms

1.

今天很多人吃月饼，		今天是中秋节。
今天没有课，	（是）因为	今天是周末。
房间里很冷，		空调坏了。

……，（是）因为……

2.

	米饭		我们还吃面条。
除了	学生	以外，	还有老师。
	学习		还要锻炼身体。

除了……以外，……

3.

这件衣服真不错，		便宜		好看。
粽子真好吃，	又	香	又	软。
这个孩子		善良		聪明。

又……又……

4.

他		会说英文，		会说中文。
骑自行车	不仅	方便，	而且	安全。
她		喜欢唱歌，		喜欢跳舞。

不仅……，而且……

二、选词填空 Fill in the blanks with the given words

（一）发现　叫做　纪念　形成　举行

1. 中国古代有个伟大的诗人_____李白。

2. 这个风俗很早以前就_____了。

3. 新年晚会在学校礼堂_____。

4. 为了_____孔子，我们举办了很多活动。

5. 我_____他最近不太爱说话。

（二）伟大　美好　敬爱

1. 大家都非常_____这位热心善良的老人。

2. 每个国家都有很多_____的人物。

3. 这段日子过得非常_____，我不会忘记的。

三、填写适当的汉字　Fill in the blanks with the proper characters

(一) 害　跳　划　投

1. 大家都认为是游戏机＿＿＿＿＿＿了他。

2. 请在正确的答案下面＿＿＿＿＿＿一条线。

3. 同学们选班长的时候，我＿＿＿＿＿＿了自己一票。

4. 他听到这个消息，高兴得＿＿＿＿＿＿了起来。

(二) 食品　叶子　船

1. 冬天来了，树上的＿＿＿＿＿＿已经掉光了。

2. 我的家乡有一条很大的河，河里有许多＿＿＿＿＿＿。

3. 我的妈妈和爸爸在同一个＿＿＿＿＿＿公司上班。

四、用"不仅……而且……"、"除了……以外……"改写下面的句子　Rewrite the sentences with "不仅……而且……" and "除了……以外……"

(一) 不仅……而且……

1. 这个房子又大又漂亮。

2. 中国菜又好吃又便宜。

3. 我既去过美国，也去过法国。

(二) 除了……以外……

1. 爸爸喜欢吃鱼，还喜欢吃肉。

2. 上个周末别的同学都去了杭州，他没去。

3. 我每天晚上睡觉之前要洗脸，还要刷牙。

五、用在哪儿　Where can we use it

1. 叶子：春天来了，花儿开了，　　绿了。

2. 叫：我很早就认识他了，他的名字　　李阳。

3. 敬爱：我想，每一个同学都很　　自己的老师。

4. 美好：我决定跟她一起迎接未来　　的生活。

5. 包：昨天晚饭前，大家围在一起学　　饺子。

六、连词成句　Arrange the given words into the sentences

1. 你　纪念　礼物　送给　作为　这个　把　我

2. 安全　大家　老师　的　担心

3. 留学　给　了　我　生活　美好的回忆　留下

4. 丽莎　以外　别人　晚会　除了　都　参加了

七、用指定的词语写一段话　Write some sentences or a passage with the given words

纪念　举行　喜欢　美好　风俗　又……又……　除了……还……

第十四课　这不是周庄的双桥吗

生　词

1. 桥	（名）	qiáo	bridge	다리	橋
2. 袋	（名）	dài	bag	주머니	袋
3. 看样子		kànyàngzi	it looks as if	보기에는	見たところ…のようだ
4. 心情	（名）	xīnqíng	mood	마음, 심정	気持ち
5. 极	（副）	jí	extremely	매우	とても
6. 叠	（量）	dié	a pile of	첩, 뭉치	積み重ねる
7. 懂得	（动）	dǒngde	to understand	알다	わかる、心得る
8. 目的	（名）	mùdì	purpose	목적	目的
9. 画报	（名）	huàbào	pictorial publication	화보	画報
10. 幅	（量）	fú	a classifier for pictures	폭	布地や絵画を数える単位
11. 画儿	（名）	huàr	drawing	그림	絵画

12. 画	（动）	huà	to draw	그리다	描く、畫く
13. 画家	（名）	huàjiā	painter	화가	画家
14. 当时	（名）	dāngshí	at that time	당시	当時
15. 称做	（动）	chēngzuò	to name	칭하다	呼ぶ
16. 水乡	（名）	shuǐxiāng	village of water	수향, 물가의 마을	水郷
17. 悠久	（形）	yōujiǔ	long-standing	유구하다	悠久である
18. 不论	（连）	búlùn	no matter	…을 막론하고	たとえ…であろうとも
19. 住宅	（名）	zhùzhái	house	주택	住宅
20. 精致	（形）	jīngzhì	exquisite	정교롭다	細かい
21. 所谓	（形）	suǒwèi	what is called	소위	いわゆる
22. 流水	（名）	liúshuǐ	flowing water	흐르는 물, 유수	流れる水

周庄		Zhōu Zhuāng	Zhouzhuang	지명: 주좡	地名
沈厅		Shěn Tīng	hall of Mr.Shen	심정 (관광구)	沈廳
张厅		Zhāng Tīng	hall of Mr.Zhang	장정 (관광구)	張廳

课文

星期天下午，李阳正在宿舍看书，哈利来了，手里还拿着一个纸袋。"哈利，看样子心情不错，有什么好事儿？"李阳问。"我昨天去周庄了！周庄真是太漂亮了！我拍了好多照片，美极

第十四课　这不是周庄的双桥吗

了!"哈利一边说一边从纸袋里拿出一大叠照片。"是吗?快给我看看。周庄我也去过,不过那时候我还很小,不懂得欣赏,现在都没什么印象了。"李阳接过照片,一张一张欣赏起来。

"这不是周庄的双桥吗?"李阳拿出一张照片说。"对。我去周庄的目的就是为了它。"看到这张照片,哈利显得尤其兴奋,"我在美国的时候,在一本画报上看到了一幅画儿,画的就是双桥。那是一位很有名的中国画家画的。那幅画给我留下了很深刻的印象,当时我就决定一定要亲自到中国看一看画上的那个地方。"李阳点点头,说:"周庄被称做'中国第一水乡',很值得去。"哈利说:"除了双桥,那儿历史悠久的建筑也特别吸引人。不论是有名的沈厅、张厅,还是普通人家的住宅,都那么精致。那些建筑和那里的桥、小河在一起,特别美。""这就是所谓'小桥、流水、人家'的美景啊。"李阳说。

句　子

1. 李阳正在宿舍看书,哈利来了。
2. 我拍了好多照片,美极了!
3. 这不是周庄的双桥吗?
4. 不论是有名的沈厅、张厅,还是普通人家的住宅,都那么精致。

练 习

一、替换，并造句 Substitute and make sentences with the given words or forms

1.

昨天这个时候，	我		听	音乐。
	唐老师	正在	看	书。
	哈利		打	电话。

……这个时候，……正在……

2.

那		王明		
芳子	不是	已经回国了	吗？
学校		放假了	

……不是……吗？

3.

	老师		学生，		回家了。
不论是	男生	还是	女生，	都	喜欢游泳。
	花		草，		很漂亮。

不论是……还是……，都……

第十四课　这不是周庄的双桥吗

二、改错句　Correct the sentences

1. 不论我穿了很多衣服，还是感冒了。
2. 不论天气不好，明天我都要去见面她。
3. 虽然别人去不去，哈利也要去。
4. 这里的风景太漂亮极了。
5. 昨天下午小王正在踢了两个小时足球，他的好朋友去找他。
6. 尽管他工作忙不忙，都会关心我。

三、用在哪儿　Where can we use it

1. 正在：姐姐做饭，妈妈让她去接电话。
2. 极了：爸爸给我买的书包好看。
3. 不是：在车上睡觉的人小王的爸爸吗？
4. 当时：现在已经没有人住在这里了，可是还有很多人。
5. 心情：昨天丽莎生病了，很不好。
6. 所谓：导游指着一座房子说："这就是的张厅。"

四、填写适当的汉字　Fill in the blanks with the proper characters

1. 我的弟弟很小，还不明_____为什么要学习。
2. 在中国，孔子被称_____"圣人"。
3. 老师接_____学生送来的花，开心地笑了。
4. 我家里有一_____画，是一位画家送的。
5. 她喜欢边看电影_____吃冰淇淋。

五、用"不论是……还是……都……"完成下面的对话 Complete the dialogues with "不论是……还是……都……"

1. (在餐厅)

    A：你喜欢吃中国菜还是韩国菜？

    B：_____中国菜，_____韩国菜，我_____喜欢吃。

2. (在教室)

    A：你觉得汉语和英语难学吗？

    B：_____汉语，_____英语，我觉得_____不难学。

3. (在街上)

    A：为什么今天马路上人很少呢？

    B：因为_____学校，_____工厂，_____已经放假了。

六、读短文，填空 Read the passage, and fill in the blanks with the proper words

今天是星期天，天气很好，我的_____也很好。上午，我拿着一_____零食去图书馆看书。看了几本画报，上面有很多画儿，好看_____。我一边吃零食_____看画报，但是工作人员走过来，告诉我不能吃零食，_____样子他有点儿生气。他还告诉我，_____中国学生，_____留学生，_____不应该在图书馆吃东西。我赶忙说"对不起"。后来我又看了关于中国文化的书，从书中，我了解了中国有悠久的历史和文化。星期天能够学到很多有用的知识，我很开心。

第十五课　爱我的人和我爱的人不是同一个人

爱我的人和我爱的人不是同一个人

生 词

1. 爱情	（名）	àiqíng	love	사랑	愛情
2. 恋爱	（动）	liàn'ài	to be in love	교제하다, 연애하다	恋愛
3. 聪明	（形）	cōngming	clever	똑똑하다	賢い
4. 本来	（副）	běnlái	originally	원래	本来の
5. 答应	（动）	dāying	to promise	대답하다	答える
6. 妻子	（名）	qīzi	wife	아내	妻
7. 留学	（动）	liú xué	to study abroad	유학을 가다	留学
8. 信	（名）	xìn	letter	편지	手紙
9. 同情	（动）	tóngqíng	to sympathize	불쌍히 여기다, 동정하다	同情する
10. 讲	（动）	jiǎng	to tell	말하다	話す
11. 小伙子	（名）	xiǎohuǒzi	youngster	총각	若者

12. 金色	（形）	jīnsè	golden	금색	金色
13. 唱歌	（动）	chàng gē	to sing	노래하다	歌を歌う
14. 好听	（形）	hǎotīng	pleasant to hear	듣기 좋다	聞いていて気持ちが良い
15. 女孩儿	（名）	nǚháir	girl	여자애	女の子
16. 重视	（动）	zhòngshì	to attach importance to	중시하다, 중요시하다	重視する
17. 同时	（副）	tóngshí	at the same time	동시에	同時に
18. 诚实	（形）	chéngshí	honest	성실하다	誠実である
19. 既…又…		jì…yòu…	not only...but also...	…뿐만 아니라…(또한)—도	…だけでなく…—
20. 与其…不如…		yǔqí…bùrú…	would rather...than...	…하기 보다는	…よりも…のほうが…
21. 烦恼	（形）	fánnǎo	to be worried	고민하다	悲しむ
22. 往往	（副）	wǎngwǎng	frequently	늘, 항상	往々にして

小芳	Xiǎofāng	Xiaofang	인명	人名
朱利安	Zhūlì'ān	Julien	인명	人名
安东尼	Āndōngní	Antoine	인명	人名

课文

李阳和丽莎在谈论爱情的问题。

丽莎让李阳谈一谈他的恋爱经历。李阳告诉丽莎，他曾经有一个女朋友，叫小芳，是大学的同学。她不但漂亮，而且很

第十五课　爱我的人和我爱的人不是同一个人

聪明。两个人本来是好朋友，时间一长，就渐渐地互相喜欢了。小芳答应李阳，以后要跟李阳一起生活，做他的妻子。可是，后来小芳去美国留学了。离开中国之前，她问李阳，愿不愿意等她回来？李阳说一定等她三年。于是，女孩子高兴地去了美国。刚开始还常常写信、打电话，不过没多久，女孩子就不再和李阳联系了。

丽莎听了李阳的爱情故事，挺同情李阳的。她也讲了自己的爱情经历。在法国的时候，丽莎很喜欢别的年级的一个小伙子，他叫朱利安，长着金色的头发，唱歌很好听。不过，朱利安喜欢的是别的女孩儿，并不重视丽莎。同时，班里有一个叫安东尼的小伙子非常喜欢丽莎，他既诚实又热情，还经常帮助丽莎。于是，安东尼成了丽莎的男朋友。丽莎说："与其为了一个我喜欢的男孩子而烦恼，不如跟一个喜欢我的男孩子在一起。"

李阳笑着说："这就是'爱我的人'和'我爱的人'往往不是同一个人。"

句　子

1. 她不但长得漂亮，而且很聪明。
2. 小芳答应李阳，以后要跟李阳一起生活，做他的妻子。
3. 他既诚实又热情，还经常帮助丽莎。
4. 与其为了一个我喜欢的男孩子而烦恼，不如跟一个喜欢我的男孩子在一起。

练 习

一、替换，并造句 Substitute and make sentences with the given words or forms

1.

丽莎		汉语说得好，		汉字也写得好。
女生	不但	喜欢吃零食，	而且	喜欢买东西。
她		温柔，		漂亮。

不但……而且……

2.

弟弟		聪明		用功。
书店里	既	有中文书	又	有外文书。
她		喜欢学习		热爱工作。

既……又……

3.

	少吃饭		多运动。
与其	看电影	不如	听音乐。
	听他吹牛		自己看看书。

与其……不如……

第十五课　爱我的人和我爱的人不是同一个人

二、选词填空　Fill in the blanks with the given words

(一) 小伙子　妻子

1. 那个_____娶了一位漂亮的_____。
2. 她是这位_____的_____。

(二) 讲　好听

1. 人们常说：_____的虽然_____，但做出来就不一定了。
2. 校长_____话很清楚，唱歌很_____。

(三) 同时　诚实

1. 小王是个_____的人，_____也是个很热情的人。
2. 老师教育学生要做_____的人，_____也要勤劳（qínláo, industrious）。

三、用在哪儿　Where can we use it

1. 不如：与其在这儿等她，还去她家里找她。
2. 只：课本上说：有些父母喜欢男孩，不喜欢女孩。
3. 本来：读书是件很好的事情，但是有的同学却不喜欢。
4. 答应：爸爸昨天小明，放假之后去看长城。
5. 同情：他病了好几天，同学们都很他。

四、填写适当的汉字　Fill in the blanks with the proper characters

1. 我有一个同学在美国留学，我们经常联_____。
2. 爸爸和妈妈正在谈_____工作的问题。
3. 我的姐姐爱读书，而我_____欢画画儿。
4. 昨天，一个_____安东尼的男孩来找丽莎。
5. 因为上次考试没考好，所以他最近有些_____恼。

五、用"不但……而且……"、"跟……一起……"、"既……又……"或"与其……不如……"完成下面的对话　Complete the dialogues with "不但……而且……", "跟……一起……", "既……又……" or "与其……不如……"

1. A：我喜欢唱歌，但是不会跳舞。你呢？
   B：我_____喜欢唱歌_____喜欢跳舞，而且还参加过比赛。

2. A：芳子学习怎么样？
   B：她_____汉语说得好，_____汉字也写得不错。

3. A：今天天气很好，我想出去走一走。
   B：是的，_____在家里看电视，_____出去走一走。

4. A：昨天给你打电话你不在家。
   B：我_____黄佳佳_____去超市买东西了。

六、读词语，选词语填空　Read the phrases, and choose the right one to fill in the blanks

(一) 本来是好朋友　本来喜欢吃零食　本来想睡觉　本来要去上学

1. 我_____，但是来到上海之后，我就不喜欢吃了。
2. 明明_____，但是他生病了，就没有去学校。
3. 我和小王_____，可是后来，他出国了，我们就没有再联系。
4. 昨天晚上十点，金大永_____，可是看见电视上有足球比赛，就睡得很晚。

(二) 往往去公园散步　往往喜欢吃面条　往往不喜欢小猫

1. 家里养狗的人都知道，小狗_____，所以，不能让小狗和小猫住在一起。

第十五课　爱我的人和我爱的人不是同一个人

2. 住在北方的人_____，而住在南方的人天天都吃米饭。

3. 吃过晚饭，爷爷_____。

七、作文　Write a composition

_____以前，他（她）是我的好朋友

第十六课

既来之，则安之

生 词

1. 既	(连)	jì	since	이미, 기왕	すでに
2. 之	(代)	zhī	here	여기	あれ
3. 则	(连)	zé	then	그럼	…してから
4. 安	(形)	ān	to set at ease	안정하다	安定する
5. 有趣	(形)	yǒuqù	interesting	재미있다	興味がある
6. 仔细	(形)	zǐxì	careful	자세하다	詳細である、綿密である
7. 火车站	(名)	huǒchēzhàn	railway station	역	(電車の) 駅
8. 顺利	(形)	shùnlì	smoothly; successfully	순리롭게	順調である
9. 但	(连)	dàn	but	그러나	しかし
10. 越来越	(副)	yuèláiyuè	more and more	더욱더	ますます…
11. 军人	(名)	jūnrén	armyman	군인	軍人
12. 微笑	(动)	wēixiào	to smile	웃다, 미소를 짓다	微笑
13. 哭	(动)	kū	to cry	울다	泣く

第十六课 既来之，则安之

14. 乘客	（名）	chéngkè	passenger	승객	乗客
15. 安慰	（动）	ānwèi	to comfort	위로하다	慰める
16. 既然	（连）	jìrán	since	기왕 그렇게 된 이상	…である以上
17. 趟	（量）	tàng	quantifier for the number of trip or tuns made	번	一往復する動作の回数を数える単位
18. 热心	（形）	rèxīn	enthusiastic	열정적이다	熱心である
19. 一…就…		yī…jiù…	as soon as	…하자 마자, …하자 곧	…すると（すぐ）…
20. 照顾	（动）	zhàogù	to look after	보살피다	世話をする、気をくばる
21. 优美	（形）	yōuměi	graceful; fine	우아하다	優美である
22. 应当	（动）	yīngdāng	should	당연하다, 응당하다	…べきである
23. 语音	（名）	yǔyīn	pronunciation	음성	音声

福州		Fúzhōu	Fuzhou	지명: 복주	地名

课 文

　　星期五下午，同学们一边喝茶一边聊天，金大永给大家讲了一件有趣的事情。

　　上个学期，他的几个留学生朋友想去苏州玩儿。他提前一天买了火车票。每张票130多块钱，他们觉得有点贵，因为他们听说苏州离上海不远。不过,第一次去苏州,而且普通话说得不太好,就没有仔细问。

第二天,他们到了火车站,然后顺利地上了火车。但开车两个小时以后,还没有到苏州,他们越来越感到奇怪。这时,旁边的一位军人告诉他们:"这是到福州的车,不会那么快。"留学生们问:"福州不是苏州吗?"军人看了看他们的车票,微笑着说:"你们是留学生吧?福州离上海很远。如果要去苏州,你们就坐错车了。"女孩们一听坐错车了,都急哭了。周围的乘客都安慰他们,军人说:"你们别着急,中国有句话叫'既来之,则安之'。既然来了,就顺便去一趟吧,福州也很漂亮。"

这位军人很热心,一到福州,就帮助他们找宾馆,还让自己的妹妹照顾他们,带他们去风景优美的景点,他们玩儿得非常开心。

听了金大永讲的事情,大家觉得很有意思,有的说:"这个军人真好!"有的说:"应当认真练习语音。"还有的说:"要努力学习汉字,这样就不会买错票了。"

句 子

1. 开车两个小时以后,还没有到苏州,他们越来越感到奇怪。
2. 如果要去苏州,你们就坐错车了。
3. 女孩们一听坐错车了,都急哭了。
4. 既然来了,就顺便去一趟吧,福州也很漂亮。
5. 军人让自己的妹妹照顾他们。

第十六课 既来之，则安之

一、替换，并造句 Substitute and make sentences with the given words or forms

1.

天气		冷了。
他的妹妹	越来越	胖了。
大家		觉得奇怪。

……越来越……

2.

	明天不上课，	我们		去旅游。
如果	遇到困难，	你	就	跟我说。
	我是你，	我		告诉她。

如果……就……

3.

	喜欢吃，	你们		多吃点。
既然	雨停了，	我们	就	出发吧。
	知道错了，	你		应该改正。

既然……就……

二、仿照例句造句　Make sentences after the model

例：V₁ + 宾语 + V₂ (+ 宾语)

　　我 让 他 喝 茶。

1. 使　→ _____

2. 要求 → _____

3. 安排 → _____

4. 建议 → _____

5. 叫　→ _____

三、用"有的……还有的……"改写下面的句子　Rewrite the sentences with "有的……还有的……"

例：有人说："应当认真练习语音。"也有人说："要努力学习汉字。"
　　→有的说："应当认真练习语音。"还有的说："要努力学习汉字。"

1. 学生们去看老师，有人带着书，也有人带着水果。
　　→ _____

2. 我们班的同学都喜欢看电影，有人喜欢看中国的，有人喜欢看美国的。
　　→ _____

3. 工厂下班了，有人回家了，有人去商店里买东西了。
　　→ _____

4. 公园里很多人，有人在看花儿，有人坐在草地上。
　　→ _____

四、用在哪儿　Where can we use it

1. 有趣：我觉得这是一个非常的游戏。

第十六课　既来之，则安之

2. 仔细地：顾客检查了一下自己的背包。

3. 顺利：大卫通过了入学考试。

4. 但：虽然他的病已经好多了，还需要休息。

5. 趟：今年寒假，我打算去一北京。

6. 既然：小王不在家，我们就不去找她了。

五、选词填空　Fill in the blanks with the given words

（一）热心　优美　仔细

1. 她跳舞的姿势很_____。

2. 小明很_____地看了一遍课文。

3. 从小妈妈就教育我要_____帮助老人和小孩儿。

（二）微笑　哭　大笑

1. 买东西的时候，售货员对着我_____。

2. 听了这件事，我忍不住哈哈_____。

3. 小男孩一下子摔倒在地上，疼得_____了起来。

六、选择正确的关联词　Fill in the blanks with the right phrases

> 一……就……　　既然……就……　　如果……就……　　越来越……

1. 爸爸说，_____我成绩好，_____会给我买一个新书包。

2. _____这是你的钢笔，你_____就拿走吧。

3. 我妈妈说，她最近_____胖了。

4. 他_____见到老师，_____脸红。

第十七课

送给他一件有意义的生日礼物

生 词

1. 队	（名）	duì	team	줄, 행렬	チーム
2. 名	（量）	míng	quantifier for the number of people	명	人数を数える単位
3. 职业	（名）	zhíyè	career	직업	職業
4. 运动员	（名）	yùndòngyuán	sportsman	운동원	スポーツ選手
5. 帅	（形）	shuài	handsome	멋지다	格好良い
6. 眼睛	（名）	yǎnjing	eye	눈	目
7. 结实	（形）	jiēshi	strong	튼튼하다	丈夫である
8. 性格	（名）	xìnggé	character	성격	性格
9. 幽默	（形）	yōumò	humorous	익살맞다, 유머러스하다	ユーモア
10. 锻炼	（动）	duànliàn	to take exercise	단련하다	鍛える

第十七课　送给他一件有意义的生日礼物

11.	胸	（名）	xiōng	chest	가슴	胸部
12.	受	（动）	shòu	to suffer	받다, 입다	受ける
13.	伤	（名）	shāng	injury	상처	傷つける
14.	及时	（副）	jíshí	in time	제때에, 즉시	丁度良い時に
15.	医院	（名）	yīyuàn	hospital	병원	病院
16.	从此	（副）	cóngcǐ	from now on	그때부터	この時から
17.	日子	（名）	rìzi	day	시간, 나날	日
18.	疼	（动）	téng	pain	아프다	痛む
19.	笑话	（名）	xiàohua	joke	우스갯 소리, 농담	ジョーク
20.	甚至	（连）	shènzhì	furthermore	심지어	…さえ
21.	封	（量）	fēng	quantifier for the number of letters	통	封入されたものを数える単位
22.	出生	（动）	chūshēng	to be born	태어나다, 출생하다	生まれる
23.	巧	（形）	qiǎo	fortuitous	우연하다	巧みである
24.	果园	（名）	guǒyuán	orchard	과수원	果樹園
25.	成熟	（动）	chéngshú	to ripe	무르익다, 성숙하다	熟する、成熟する
26.	接近	（动）	jiējìn	to be close to	비슷하다	近づく
大卫			Dàwèi	David	인명	人名

课 文

哈利有一个好朋友叫大卫，是美国国家足球队的一名职业运动员。大卫长得又高又帅，蓝眼睛，金黄头发，身体结实健康。他的性格很幽默，喜欢开玩笑。

哈利和大卫是在体育馆里锻炼身体的时候认识的。有一次，大卫的胸部在运动的过程中不小心受了伤，哈利及时把他送到医院。从此，他们就成了好朋友。在受伤的日子里，大卫一直不能笑，一笑受伤的地方就疼。所以，哈利见到大卫时，不敢跟他讲笑话、开玩笑，甚至不能说好玩儿的事情。

前几天，大卫给哈利写了一封信，说最近要来中国旅行。在信中，大卫说他打算在中国过一个有意义的生日。说起大卫的生日，哈利就觉得很有意思。大卫告诉哈利，他有一个姐姐和一个弟弟，姐姐比他大一岁，他比弟弟大一岁；而且，他们姐弟三人都是同一个月出生的。真是太巧了。

大卫说，现在他父亲在一个很大的果园工作，离家比较远。平时父亲一个人住在果园里，每年水果成熟的时候，才回一趟家。因为三个孩子的生日很接近，所以他父亲每次回家都能赶上三个孩子的生日。

再过几天大卫就要来上海了，哈利要好好儿准备一下。他还要送给大卫一件有意义的生日礼物。

第十七课　送给他一件有意义的生日礼物

1. 哈利见到大卫时，不敢跟他讲笑话、开玩笑，甚至不能说好玩儿的事情。
2. 他有一个姐姐和一个弟弟，姐姐比他大一岁，他比弟弟大一岁；而且，他们姐弟三人都是同一个月出生的。
3. 他要送给大卫一件有意义的生日礼物。

一、替换，并造句　Substitute and make sentences with the given words or forms

1.

芳子	送给	李阳	一本书。
公司	寄给	我	一封信。
大卫	递给	老师	一支粉笔。

动词 + 宾语₁ + 宾语₂

2.

哈利和大卫		在体育馆里认识	
他俩	是	同一天出生	的。
我朋友		来上海旅游	

是……的

8.

他	不喜欢唱歌,		不喜欢听歌。
这里的人	很喜欢游泳,	甚至	连老人和小孩儿也喜欢。
她	很少出去玩,		连北京也没去过。

……，甚至……

二、选词填空 Fill in the blanks with the given words

(一) 个　位　名　口

1. 孔子是一_____伟大的学者。

2. 王明家有四_____人，父亲、母亲、姐姐和他。

3. 我有三_____好朋友。

4. 这_____是我的老师。

5. 小王是一_____司机，他的哥哥是一_____教授。

(二) 幽默　可爱　漂亮

1. 杰克说话很_____。

2. 她的孩子三岁了，非常_____。

3. 姐姐很_____，她男朋友个子很高，也很帅。

4. 那里的风景很_____。

(三) 及时　从此　甚至

1. 由于_____治疗，他的病很快就好了。

2. _____以后，他俩就成了好朋友。

3. 我很喜欢游泳，_____冬天也去游泳。

第十七课　送给他一件有意义的生日礼物

三、用"……是……的"或"……甚至……"改写下面的句子
Rewrite the sentences with "……是……的" and "……甚至……"

(一) ……是……的

1. 老王和小王在同一个公司工作。

2. 你从哪里来？

3. 我上个星期坐飞机来上海。

(二) ……甚至……

1. 他生病了，连饭都吃不下去。

2. 哥哥很高，姚明都没有他高。

3. 这个问题太简单了，连三岁的小孩子都能回答。

四、填写适当的汉字　Fill in the blanks with the proper characters

1. 同学们都说，班长的身体很结_____。

2. 我的外国同学回国了，我们在一起的_____子很快乐。

3. 我小的时候，爸爸总是喜欢给我讲笑_____。

4. 昨天，老师让同学们回家问问妈妈是哪一年_____生的。

5. 我长大了想成为一名优秀的足球_____动员。

五、读短文，填空　Read the passage, and fill in the blanks with the proper words

小明和杰克是好朋友。小明是中国人，个子不高，黑头发，黑眼睛。他的职业是老师。杰克是法国人，_____子很高，蓝眼_____，黄头发。他的_____业是篮球运动员。两个人是在打篮球时认识的。一次，杰克打篮球时受_____了，小明把他及时送到了医院，从此两个人成了朋友。杰克很幽_____，爱说笑；小明也很爱笑。更

_____的是，两个人是在同一年出生的。明年杰克要回法国了，日
还没有定下来。小明想买份_____物送给杰克，却不_____道
送什么好。

六、选词填空 Fill in the blanks with the given words

1. 职业　运动员

A：你知道刘翔的_____是什么吗？

B：当然知道，他是一位有名的_____，跑110米栏。

2. 眼睛　鼻子

哥哥的孩子才一岁多，但他很聪明。我经常问他：嘴巴的上面是什么？他指指_____。我接着又问：那鼻子的上面又是什么，他就指指_____。

3. 出生　日期

昨天老师让学生回家问问自己的妈妈是哪一年_____的。我妈妈的出生_____是1965年8月4日。

七、作文 Write a composition

我（我的好朋友）在中国的第一个生日

第十八课

生 词

1. 来得及	(动)	láidejí	there's still time	늦지 않다	間に合う	
2. 来不及	(动)	láibují	it's too late	늦다, 여유가 없다	間に合わない	
3. 傍晚	(名)	bàngwǎn	evening	저녁무렵, 해 질무렵	夕暮れ	
4. 意外	(形)	yìwài	unexpected	뜻밖이다	意外である	
5. 登记	(动)	dēngjì	to register	등록하다	登記する	
6. 拒绝	(动)	jùjué	to refuse	거절하다	拒絶する	
7. 解释	(动)	jiěshì	to explain	설명하다	解釈する	
8. 显然	(形)	xiǎnrán	obvious	분명히	はっきりと	
9. 说不定	(副)	shuōbudìng	maybe	…일지도 모른다	もしかしたら…かも知れない	
10. 允许	(动)	yǔnxǔ	to permit	허락하다	許可する	

11. 住宿	（动）	zhùsù	to stay	묵다, 숙박하다	泊まる
12. 点头	（动）	diǎn tóu	to nod	머리를 끄덕이다	うなずく
13. 友好	（形）	yǒuhǎo	friendly	우호적이다	友好的である
14. 即使…也…		jíshǐ…yě…	even...also...	설령…하더라도	たとえ…であろうと
15. 情况	（名）	qíngkuàng	situation	상황	情況
16. 原因	（名）	yuányīn	reason	원인	原因
17. 连忙	（副）	liánmáng	at once	얼른, 급히	急いで
18. 笑	（动）	xiào	to smile	웃다	笑う
19. 教授	（名）	jiàoshòu	professor	교수	教授
20. 指	（动）	zhǐ	to point (at)	가리키다	指し示す
21. 工作证	（名）	gōngzuò zhèng	employee's card	（근무처에서 발행하는) 신분증명서	従業員証
22. 感激	（动）	gǎnjī	to appreciate	고마와하다, 감격하다	感謝する アナイ
浙江大学		Zhèjiāng Dàxué	Zhejiang Unievrsity	절강대학교	大学名

第十八课 回上海来得及来不及

课文

上个星期六上午,芳子、黄佳佳和哈利等六个同学一起去了杭州。

到了傍晚,大家玩儿得很累,决定在杭州住一夜,第二天再回上海。他们走进了附近的杭州酒店。可是,让他们意外的是登记时,被酒店拒绝了。因为除了黄佳佳和芳子以外,其他四个人都没有带护照。他们怎么解释也没用。

"这个时候回上海还来得及吗?"芳子问。"显然来不及了,"黄佳佳说:"大学里一般都有宾馆。我们是留学生,去试试,说不定会允许住宿。""这个主意不错,"芳子点点头:"不过,去哪个大学呢?"哈利说:"我听说过浙江大学,我们坐出租车去那里看看。"

到了浙江大学,很容易就找到了学校宾馆。虽然服务员很友好,但是没有护照,即使是留学生也不可以住宿。一对白头发的老人正好经过门口,看见他们着急的样子,就走过来了解情况。黄佳佳把原因告诉老人了。老先生热心地说:"我可以帮你们。"

宾馆经理看见老人进来,连忙笑着说:"您好,王教授!"王教授指着留学生们说:"他们的老师是我的朋友。就让他们住下来吧,把我的工作证放在这里。"

终于拿到了房间的钥匙,留学生们非常感激王教授和他的妻子。

句子

1. 他们怎么解释也没用。
2. 这个时候回上海还来得及吗?
3. 我们是留学生,去试试,说不定会允许住宿。
4. 虽然服务员很友好,但是没有护照,即使是留学生也不可以住宿。

练习

一、替换,并造句 Substitute and make sentences with the given words or forms

1.

黄佳佳		吃			吃不胖。
他	怎么	解释	朋友	也	不相信。
老师		讲	哈利		听不明白。

……怎么……也……

2.

虽然	天气很冷,	但是	爷爷起得很早。
	他是英国人,		汉语说得很好。
	房子很小,		很漂亮。

虽然……,但是……

第十八课 DI 上海来得及来不及

8.

即使	是留学生，		也不能这样。
	说得不好，	也	没关系。
	取得了很好的成绩，		不能骄傲。

即使……，也……

二、选词填空 Fill in the blanks with the given words

（一）来不及 来得及 及时

1. 别急，时间还早，我们_____上课。

2. 小王起床晚了，_____吃饭就上学去了。

3. 他们_____把病人送到了医院。

（二）笑 跳 叫 教

1. 老爷爷_____着对我们说，他是这里的教授。

2. 他的妻子_____李芳，非常漂亮。

3. 虽然王老师不_____我们，但是我们都认识他。

4. 小明是一名_____高运动员，经常参加比赛。

三、用"怎么……也……"、"虽然……但是……"、"即使……也……"改写下面的句子 Rewrite the sentences with "怎么……也……" "虽然……但是……" and "即使……也……"

（一）怎么……也……

1. 那本书找不到。

2. 我追不上他。

3. 那块面包吃不完。

(二) 虽然……但是……

1. 他很想打篮球，没有时间。

2. 他个子不太高，他很帅。

(三) 即使……也……

1. 星期天我要上班。

2. 这本书很贵，我要买。

四、填写适当的汉字　Fill in the blanks with the proper characters

1. 老师告诉我们，学校不允_____学生打游戏。

2. 我哥哥最近不高兴，我不知道原_____是什么。

3. 昨天，我在校园里不小心碰倒了一个同学，但他很友_____地说："没关系。"

4. 老师年纪大了，不再给我们上课了，可是我们很_____念他。

五、读短文，填空　Read the passage, and fill in the blanks with the proper characters

芳子和同学到北京玩儿。傍_____，当他们登_____住宿的时候，却发现钱包和_____照丢了。他们怎么解_____也不行，服务员_____诉他们没有护照就不能住宿。但此时已经来不_____回上海了。芳子想起她在北京师范大学有一个朋友叫小明，说不定小明能帮助他们。于是她就给小明打了一个电话，向小明说明了情_____。小明连_____找到芳子，并押上自己的工_____证，帮助芳子拿到了房间的钥匙。芳子十分_____激。

第十八课 到上海来得及来不及

六、用"即使……也……"和"怎么(……)也……"填空　Fill in the blanks with "即使……也……" and "怎么（……）也……"

1. _____学费再高，我_____要把大学读完。

2. 很奇怪，房间的门_____打不开。

3. 没有学到知识，_____找到工作，_____不会很好。

4. _____在冬季，这一带有时候_____能听到阵阵雷声。

5. 这个问题太难了，我_____想_____想不出答案来。

6. 黄佳佳学习很努力，_____是周末，她_____去图书馆看书。

第十九课

邀请丽莎一同去游览太湖

生 词

1. 邀请	（动）	yāoqǐng	to invite	초청하다	招く、招待する
2. 一同	（副）	yìtóng	together	같이, 함께	一緒に
3. 同样	（形）	tóngyàng	same	같다	同様である
4. 想法	（名）	xiǎngfǎ	opinion	생각	考え方
5. 公里	（名）	gōnglǐ	kilometer	킬로미터	キロメートル
6. 晕车	（动）	yùn chē	to be carsick	차멀미하다	車に酔う
7. 脸色	（名）	liǎnsè	facial expression	얼굴색	顔色
8. 抱歉	（动）	bàoqiàn	to regret	미안하다	申し訳なく思う
9. 不要紧		bú yàojǐn	it doesn't matter	괜찮다	大丈夫だ
10. 只是	（副）	zhǐshì	just	단지, 그저	ただ…だけだ
11. 稍微	（副）	shāowēi	ratherish	조금	ちょっと
12. 赶紧	（副）	gǎnjǐn	speedily	급히	大急ぎで

128

第十九课　邀请丽莎一同去游览太湖

13. 模样	（名）	múyàng	person's appearance	모양	格好
14. 这边	（名）	zhèbiān	here	이쪽	こちら
15. 前方	（名）	qiánfāng	frontage	앞	前方
16. 连	（副）	lián	again and again	연이어	続けて…する
17. 戴	（动）	dài	to wear	（안경을）끼다	かける
18. 眼镜	（名）	yǎnjìng	glasses	안경	メガネ
19. 一齐	（副）	yìqí	at the same time; together	일제히, 다같이	一斉に
20. 瓶子	（名）	píngzi	bottle	병	ビン
21. 感动	（动）	gǎndòng	to move	감동되다	感動する

| 太湖 | | Tài Hú | Taihu Lake | 호수명:태호 | 湖の名前 |
| 无锡 | | Wúxī | Wuxi | 지명:무석 | 地名 |

课文

　　金大永早就听说无锡是一个很美的城市，而且离上海也不远，所以他一直想去看看。最近，金大永知道丽莎跟他有同样的想法，就邀请丽莎和他一同去游览太湖。

　　那天早上，他们坐上了去无锡的火车。可是火车刚开了十几公里，丽莎就开始晕车了。看见丽莎脸色很差，金大永就问她："你怎么了，丽莎？"丽莎告诉他："我有点不舒服，昨天感冒了。""哎呀，真抱歉！你应该在家里好好儿休息，怎么能去无锡呢？"金大永很担心。丽莎笑了笑说："不要紧，我吃了药，已经好多了，只是稍微有点晕车。"

金大永赶紧打开背包，拿出一瓶水递给丽莎，说："你喝点水可能会好一些。"这时，坐在对面的一个大学生模样的男孩对他们说："你们俩坐在这边吧，朝着前方坐会好一点。"金大永连说："好，多谢！多谢！"男孩和旁边戴眼镜的女孩一齐站起来，女孩还从包里拿出一个小瓶子，对丽莎说："我这儿有晕车药，你吃了以后就没事了。"丽莎很感动："谢谢你们！"

这两个大学生也去无锡，他们四个人一起游览了美丽的太湖，参观了无锡的欧洲城和三国城。

句子

1. 最近，金大永知道丽莎跟他有同样的想法，就邀请丽莎和他一同去游览太湖。
2. 你应该在家里好好儿休息，怎么能去无锡呢？
3. 金大永赶紧打开背包，拿出一瓶水递给丽莎。

第十九课　邀请丽莎一同去游览太湖

练　习

一、替换，并造句　Substitute and make sentences with the given words or forms

1.

你		不做作业呢？
老虎	怎么能	用手去摸呢？
李阳		这么做呢？

怎么能……呢

2.

芳子		去上课，		跟朋友见面。
妈妈	先	买菜，	然后	做饭。
老师		讲生词，		读课文。

先……，然后……

3.

他们俩		站起来，给丽莎让座。
我们	一齐	念生词和句子。
孩子们		把这首歌唱了一遍。

……一齐……

二、用在哪儿 Where can we use it

1. 感动地：我生病的时候，老师来看我了，我说："谢谢。"
2. 一齐：老师让我们念生词。
3. 抱歉：这件事情我帮不了你，我感到十分。
4. 只是：我打电话来想告诉你，我爱你！
5. 一同：妈妈和同事出去办事了。
6. 同样：对你来说，练习口语和听力重要。

三、填写适当的汉字 Fill in the blanks with the proper characters

1. 我有一个很好的_____法，那就是冬天去哈尔滨看雪。
2. 昨天，芳子邀_____我去她家做客。
3. 听说西安非常漂亮，_____是离上海有点远，所以我还没有去过。
4. 当我在路上碰见老师的时候，我_____紧向老师问好。
5. 从上海到北京很远，大概有1000多公_____吧。
6. 我生病了，没有去上课，但是老师说不_____紧，让我别担心。

四、选词填空 Fill in the blanks with the given words

(一) 这边　前方　外面

1. _____正在修马路，那边正在盖房子，所以我要从另外一条路走。
2. 我昨天顺着公园_____的那条路走了好几公里。
3. 后面是一座大山，_____是一条小河，我觉得风景很美。

(二) 戴　穿　副　双

1. 我说呢，你怎么跟以前不太一样了！原来是戴了一_____新眼镜。
2. 她_____着一顶红色的帽子，看上去很漂亮。
3. 哈利总是_____着一_____很大的运动鞋去打球。

第十九课　邀请丽莎一同去游览太湖

(三) 同样　一同

1. 即使是对不熟悉的人，她也_____热情。
2. 哈利和丽莎是_____来上海的。
3. 他俩穿着_____的衣服来上课。
4. 我们和老师_____走进教室。

(四) 连　只是

1. 妈妈说，她明年会很忙，_____周末可能都要上班。
2. 去北京玩儿，我很开心，_____有些累。

(五) 赶紧　稍微　不要紧

　　爷爷今天早上生病了，爸爸让他去医院，但是爷爷说："_____。"他让我们不要担心，只是_____有些头痛。可是后来，爷爷看上去很不舒服，爸爸_____把爷爷送到医院去了。

五、读短文，填空　Read the passage, and fill in the blanks with the proper characters

　　昨天，我的韩国朋友_____请我去她家里吃饭。她刚从西安回来，_____上去有些累。她很漂亮，_____着一副眼_____。我送给她一个小礼物，她特_____高兴。她说，她马上要回韩国了，很感_____我对她的帮助。我告诉她，很高兴能认识她这样的好朋友。后来，她还希_____我有机_____去韩国玩儿。

六、作文　Write a composition

在旅途中认识了新朋友

第二十课

她这两天肚子疼

生词

1. 办公	（动）	bàn gōng	to handle official business	사무를 보다	執務する、事務を取る
2. 肯	（动）	kěn	to be willing to	동의하다	承知の上で…する
3. 可	（连）	kě	although	그러나	…というのに
4. 却	（副）	què	but	도리어, 오히려	かえって
5. 毫无		háo wú	none	조금도…않다	まったく
6. 作用	（名）	zuòyòng	effect	작용	作用
7. 劝	（动）	quàn	to persuade	권하다	勧める、忠告する
8. 必须	（副）	bìxū	must	꼭	必ず…しなければならない
9. 立即	（副）	lìjí	immediately	즉시	即座に
10. 水平	（名）	shuǐpíng	level	수준	レベル
11. 缺乏	（动）	quēfá	to lack	모자라다	足りない

第二十课　她这两天肚子疼

12. 信心	（名）	xìnxīn	confidence	자신, 확신	自信
13. 看病	（动）	kàn bìng	to see a doctor	병보다	治療する
14. 吃惊	（动）	chī jīng	to be amazed; to get a fright	놀라다	ビックリする
15. 状态	（名）	zhuàngtài	condition	상황, 상태	状態
16. 按时	（副）	ànshí	on time	제시간에, 제때에	時間どおりに
17. 尽量	（副）	jǐnliàng	to the best of one's abilities	되도록	できるだけ
18. 加强	（动）	jiāqiáng	to strengthen	강화하다	強化する
19. 营养	（名）	yíngyǎng	nutrition	영양	栄養
20. 添	（动）	tiān	to increase	보충하다	追加する
21. 班长	（名）	bānzhǎng	monitor	반장	班長、級長
22. 基本	（副）	jīběn	basically	기본적	基礎
23. 好	（形）	hǎo	being well	좋다	とても

课文

　　一天晚上八点多，唐华刚走出办公室，就看见芳子和另外几个留学生一起站在楼下。看见唐华，他们问："唐老师，怎么这么晚还没回家？"唐华说："我有点事。你们怎么站在这里？"一个日本女生告诉唐华，芳子生病了，他们建议芳子去医院，她不肯去。芳子告诉唐华，她这两天肚子疼，可吃了自己带的药,却毫无作用。

唐华劝芳子,必须立即去医院检查一下。芳子说她没去过中国的医院,再说,她对自己的汉语水平缺乏信心,就是去了也不知道怎么跟医生说。唐华说:"我带芳子去医院看病,时间不早了,大家都回去休息吧,明天不是还要考试吗?"

坐在出租车上,芳子告诉唐华,她还打算参加第二天的考试。唐华很吃惊:"你这种状态去考试,怎么能考好呢?先让医生检查一下再说吧。"芳子点点头。

医生给芳子开了药,让她回家按时吃药,尽量多喝水,好好儿休息,加强营养。芳子觉得自己给老师添了麻烦,很不好意思。

第二天,唐华和班长还有几个留学生一起去看芳子。芳子高兴地说:"吃了药,基本好了。谢谢唐老师!谢谢大家!"

句子

1. 唐华刚走出办公室,就看见芳子和另外几个留学生一起站在楼下。
2. 她这两天肚子疼。
3. 芳子说她没去过中国的医院,再说,她对自己的汉语水平缺乏信心,就是去了也不知道怎么跟医生说。

第二十课 她这两天肚子疼

练 习

一、替换，并造句　Substitute and make sentences with the given words or forms

1.

小明		回到家		有人来找他。
爸爸	刚	下班	就	接到一个电话。
芳子		上车		听到有人叫她。

……刚……就……

2.

我	还没睡觉，		这么早，也睡不着。
我同屋	没去南京，他以前去过，再说		他最近很忙。
我	跟她不太熟，		她很忙，我不想找她。

……，再说……

3.

他的汉语不好，		去了医院，		说不清楚。
你说说你的想法，	就是	说错了，	也	没关系。
不学习技术，		有工作的机会，你		抓不住。

……就是……，也……

二、用在哪儿 Where can we use it

1. 可：我肚子疼，我不想去医院。

2. 却：房子不大，很漂亮。

3. 基本：他看了医生以后没事了。

4. 毫无：现在，我说汉语的时候，紧张的感觉。

5. 尽量：她虽然学汉语时间不长，但出去的时候总是说汉语。

三、填写适当的汉字 Fill in the blanks with the proper characters

1. 老师在办公室里办_____。

2. 时间不早了，我必_____回家了。

3. 他刚来中国，对中国缺_____了解。

4. 她已经学了三年汉语，中文水_____很高。

5. 他总是对自己充满信_____。

6. 今天他有点事，没能_____时上班。

四、选词填空 Fill in the blanks with the given words

(一) 必须 立即

A：时间很晚了，我_____走了。

B：你再坐一会儿吧。

A：不行啊，我要_____回家，因为还要给孩子做饭呢。

(二) 加强 添

1. 妈妈身体不太好，医生说要_____锻炼。

2. 如果遇到什么事情，人多了反而_____麻烦。

3. 房间里_____了新的电器，生活方便多了。

4. 你的听力不太好，要_____练习。

第二十课 她这两天肚子疼

(三) 肯　能　想

1. 妈妈说我学习不认真，不_____给我买新自行车。

2. 我要上课，不_____和你们看电影了。

3. 今年暑假我_____去中国旅行。

(四) 可　却　而且

1. 我去他家找他，_____他不在。

2. 金大永打电话给她，她_____不接。

3. 老王是个好丈夫，_____是个好爸爸。

(五) 毫无　立即　按时　基本

1. 这个药对他的病_____作用。

2. 接到通知后，他_____赶到学校。

3. _____上课是每个学生都必须做到的。

4. 作业_____完成了，但还需要修改一下。

五、读短文，填空 Read the passage, and fill in the blanks with the proper words

　　我们的班长来中国只有半年时间，但学习特_____好，他每天能按_____完成所有的作_____，这让我们都很_____惊。有一次我问他怎么做得这么好？我自己一直对学习汉语缺_____信心，虽然每天学习很长时_____，却毫_____进步。他建_____我，学习汉语首先要有_____心，上课_____真听讲，课后多做练_____。其次，不要怕说错，要多说、多听、多看、多写，加_____交流，这样才能提高我们的汉语_____平。其实我也是一直在不断地_____力，相信自己一定能取得成功！

第二十一课

横店被称为"中国的好莱坞"

生 词

1. 胃	(名)	wèi	stomach	위	胃
2. 厉害	(形)	lìhai	severe	심하다	ひどい
3. 身	(名)	shēn	body	몸	体
4. 失去	(动)	shīqù	to lose	잃다	失う
5. 影视	(名)	yǐngshì	film and TV	영화나 TV	TV 映画とテレビ
6. 称为	(动)	chēngwéi	to be called	…라고 부르다	呼称
7. 遗憾	(形)	yíhàn	pity, regretful	유감이다	残念だ
8. 靠	(动)	kào	to lean on	기대다	頼る
9. 报纸	(名)	bàozhǐ	newspaper	신문	新聞
10. 敲	(动)	qiāo	to knock	노크하다, 두드리다	たたく
11. 难过	(形)	nánguò	sad	괴롭다, 슬프다	つらい、悲しい

第二十一课　横店被称为"中国的好莱坞"

12. 可惜	（形）	kěxī	pity	아깝다, 애석하다	惜しい
13. 规模	（名）	guīmó	scale	규모	規模
14. 想象	（动）	xiǎngxiàng	to imagine	상상하다	イメージ
15. 时代	（名）	shídài	times, period	시대	時代
16. 后悔	（动）	hòuhuǐ	to regret	후회하다	後悔
17. 公主	（名）	gōngzhǔ	princess	공주	プリンセ
18. 手	（名）	shǒu	hand	손	手
19. 见	（动）	jiàn	to see	보다, 만나다	見る
20. 新鲜	（形）	xīnxiān	new, fresh	새롭다, 신기하다	新鮮
21. 趁	（介）	chèn	take the advantage of	…빌어서, 틈타서	…のうちに

横店		Héngdiàn	Hengdian	지명	地名
好莱坞		Hǎoláiwū	Hollywood	할리우드	ハリウッド
唐、宋、明、清		Táng Sòng Míng Qīng	Tang, Song, Ming and Qing Dynasty	당, 송, 명, 청	時代
广州		Guǎngzhōu	Guangzhou	광주	地名

课文

　　胃疼了好几天,今天稍微好一些了。前几天疼得厉害,全身没力气,只能躺着休息。这样一来,就失去了周末和同学们去横店影视城的机会。听说横店被称为"中国的好莱坞",我早就想去看一看。这次没去成,我觉得特别遗憾。

　　中午,我正靠在床上看报纸,有人敲门。我打开门,原来是黄佳佳。她刚从横店回来。我连忙问她这次旅行的情况。她笑着说:"芳子,我说了你别难过,这次你没去,真是太可惜了。"她告诉我,横店的规模比她想象的大得多,有宋城、唐城、明清城等等。走进不同的城,就好像走进了不同的时代。还有广州街、香港街,走在这些街上,就好像真的到了那些地方一样。

　　听到这些,我真后悔没去。佳佳还给我看了一张她穿着清朝公主的衣服拍的照片,很有趣。佳佳拉着我的手,说:"如果你去了就好了,我们可以拍张合影。"

　　我问她有没有见到明星在那儿拍电影。她说:"明星没见到,不过的确有人在那儿拍电影。演员们穿着古代的衣服,我觉得特别新鲜。"我说:"下次我去横店,就要趁有明星在那儿拍电影的时候去。这样,不光可以旅游,还可以见到大明星。"

第二十一课　横店被称为"中国的好莱坞"

1. 前几天疼得厉害，全身没力气，只能躺着休息。这样一来，就失去了周末和同学们去横店影视城的机会。
2. 听说横店被称为"中国的好莱坞"，我早就想去看一看。
3. 这次没去成，我觉得特别遗憾。
4. 下次我去横店，就要趁有明星在那儿拍电影的时候去。

一、替换，并造句　Substitute and make sentences with the given words or forms

1.

头	疼	
路上	堵	得厉害。
他	病	
我	咳嗽	

……得厉害

2.

大熊猫		中国的国宝。
重庆	被称为	雾都。
上海		"东方明珠"。

……被称为……

3.

这些词语		学过了。
我们	早就	认识了。
他		盼望有机会来中国。

……早就……

4.

他们		来得太晚。
我真	后悔	没有帮助他。
他有点儿		把这件事告诉她了。

……后悔……

二、用"……，这样一来，……"完成下面的句子 Complete the sentences with "……，这样一来，……"

1. 我没有买到周末回国的飞机票，_____。
2. 我和朋友逛商场的时候，外面突然下雨了，_____。
3. 他接到家里的电话，说他妈妈病了，_____。
4. 我的钱快用完了，_____。
5. 公司派他到中国工作一年，_____。

三、用"如果……就好了"完成下面的句子 Complete the sentences with "如果……就好了"

1. 住在学校的宿舍很方便，不过房间有点儿小，_____。
2. 这次去北京只玩儿了两天，_____，可以多玩儿一些地方。
3. 这件衣服颜色有点儿深，_____。

第二十一课　横店被称为"中国的好莱坞"

4. 我来的时候，票已经卖完了，_____。

5. 这几天天气不太好，_____，我们就可以出去玩儿了。

四、用"趁"改写下面的句子　Rewrite the sentences with "趁"

例：坐公共汽车的时间，他记生词。

→ 他趁坐公共汽车的时间记生词。

1. 下课休息的时间，她吃早饭。

→ _____

2. 来中国出差的机会，他看望了几个朋友。

→ _____

3. 老师还没离开教室，我赶快问了几个问题。

→ _____

4. "五一"的七天假期，我回了一趟家。

→ _____

五、仿照例句造句　Make sentences after the model

动词+成

例：A：芳子去横店了吗？

B：因为感冒，她没去成。

1. A：那个电影你看了吗？

B：因为没买到票，我_____。

2. A：昨天你在豫园吃小笼包了吗？

B：小吃店里人太多了，我_____。

3. A：你们周末踢足球了吗？

   B：周末下雨，_____。

4. A：你们昨天下午不是要开会吗？怎么没开？

   B：昨天下午有别的事，所以_____。

5. A：这次去北京，你去长城了吗？

   B：时间太短了，所以_____。

六、读词语，选词语填空 Read the phrases, and choose the right one to fill in the blanks

> 便宜一些　　暖和一些　　习惯一些　　流利一些
> 熟悉一些　　容易一些　　好一些

1. 我头疼。吃了药以后，才_____了。

2. 刚来的时候，我很不习惯，现在_____了。

3. 我们去超市买水果吧，超市的水果_____。

4. 这本书太难了，那本_____。

5. 开了一会儿空调以后，屋子里_____了。

6. 刚开始学汉语的时候，我说得很慢，现在说得_____了。

7. 现在，我对这里的环境_____了。

七、用在哪儿 Where can we use it

1. 有：那边很多人在照相。

2. 连忙：看见老师来了，他们站起来问好。

3. 真的：看那个电影的时候，我好像到了那个时代一样。

4. 想象：上海比我的热闹得多。

八、作文　Write a composition

很遗憾的一件事

第二十二课

我搬到淮海路去了

生 词

1. 记得	（动）	jìde	to remember	기억하다	覚えている
2. 节省	（动）	jiéshěng	to save	절약하다	節約する
3. 繁华	（形）	fánhuá	thriving, prosperous	번화하다	にぎやかだ
4. 地带	（名）	dìdài	area	지역	地帯
5. 恐怕	（副）	kǒngpà	probably	아마	おそらく
6. 其实	（副）	qíshí	in fact, actually	사실은	実は
7. 没意思		méi yìsi	boring, dull	재미없다	おもしろくない
8. 体会	（动）	tǐhuì	to know from experience	느끼다, 체험하다	会得する
9. 上学		shàng xué	to go to school	등교하다	学校へ行く
10. 交通	（名）	jiāotōng	transportation	교통	交通

第二十二课　我搬到淮海路去了

11. 痛苦	（形）	tòngkǔ	painful	고통스럽다, 괴롭다	ひどく苦しむ
12. 老	（副）	lǎo	always	자주, 늘	非常にいつも
13. 困	（形）	kùn	sleepy	피곤하다	眠い
14. 从没		cóngméi	have never	여태껏…(한)적이 없다	これまで…ない
15. 偶尔	（副）	ǒu'ěr	occasionally	가끔, 간혹	たまに
16. 西餐	（名）	xīcān	Western-style food	양식	洋食
17. 可	（动）	kě	(for emphasis)	그러나	強調を表す
18. 非…不可		fēi…bùkě	must	꼭…(해야) 한다	どうしても…でなければならない
19. 有的是		yǒudeshì	there are plenty of	숱하다, 얼마든지 있다	沢山ある
20. 随便	（形）	suíbiàn	casual, random	마음대로	勝手である
21. 挑	（动）	tiāo	to choose	고르다, 선택하다	選ぶ
22. 自从	（介）	zìcóng	since	…부터	…より

（上完两节课，金大永拿出一个面包吃起来。）

哈　利：你怎么现在才吃早饭？我记得你以前每天早上都按时起床，按时吃早饭。

金大永：上个星期我搬到淮海路去了，离学校远了。早上为了节省时间，只好把早饭带来吃。

哈　利：淮海路好啊，繁华地带，多热闹！不过，房租恐怕很贵吧？

金大永：那房子其实是我的一个朋友租的。他在上海工作。他觉得一个人住没意思，所以叫我也搬过去。住在那儿的确更能体会到上海的繁华、热闹，就是上学有点儿远。

哈　利：淮海路上交通方便，远一点儿也没关系。

金大永：可是每天早上六点多就要起床，还是挺痛苦的。老觉得困，有时候我坐在公共汽车上都睡着了。以前我从没这么早就起床。

哈　利：住在学校里，也有不方便的地方。比如说，学校的餐厅只有中国菜。偶尔想吃韩国菜、日本料理或者西餐的时候，在学校附近可找不到，非得跑到比较远的地方去不可。淮海路上有的是餐馆，你可以随便挑。

金大永：住在学校里，不论上课还是下课，都能和同学们在一起，自从我搬出去以后，和大家在一起的时间比以前少了很多。

哈　利：对，这是住在学校最大的好处。

第二十二课　我搬到淮海路去了

1. 房租恐怕很贵吧？
2. 偶尔想吃韩国菜、日本料理或者西餐的时候，在学校附近可找不到，非得跑到比较远的地方去不可。
3. 淮海路上有的是餐馆，你可以随便挑。
4. 住在学校里，不论上课还是下课，都能和同学们在一起。

一、替换，并造句　Substitute and make sentences with the given words or forms

1.

你怎么		忘记做作业？
她	老	叫我陪她去逛街。
你不要		麻烦别人。

……老……

2.

我早上		吃了一点东西。
我们	随便	找个地方休息一下吧！
你可以		挑你喜欢的东西。

……随便……

3.

外文书店里		英文小说。
学校门口的小店里	有的是	各种各样的小吃。
她		钱。

……有的是……

二、用"从没"和"从不"填空 Fill in the blanks with "从没" and "从不"

1. 我以前_____听说过这个故事。
2. 她非常喜欢表演,表演的时候_____紧张。
3. 他对书法很感兴趣,虽然工作一直很忙,但他_____放弃过练习书法。
4. 我_____在中国人家里过过春节,这是第一次。
5. 她一看到喜欢的书就买,_____考虑价格。

三、读词语,选词语填空 Read the phrases, and choose the right one to fill in the blanks

| 非去长城不可 | 非去医院不可 | 非买新的不可 | 非做好不可 |
| 非迟到不可 | 非感冒不可 | 非生气不可 | 非长胖不可 |

1. 七点半了,如果你还不起床,_____。
2. 前几次去北京都没去成长城,这次我_____。
3. 吃了几天药,病还是没有好,现在你_____了。
4. 天气这么冷,你穿得这么少,_____。
5. 我的手机已经修了好几次,现在又坏了。这次我_____。
6. 这些东西明天老板要检查,今天晚上我_____。
7. 你如果跟她开这样的玩笑,她_____。

第二十二课　我搬到淮海路去了

8. 我不能吃这么多东西了，这样的话_____。

四、用"动词＋起来"完成下面的句子　Complete the sentences with "V+起来"

1. 没找到爸爸妈妈，那个小孩一下子_____。（哭）
2. 这么晚了他还没有回来，我们开始_____。（担心）
3. 听了他的话，大家都_____。（高兴）
4. 你还没有做完作业，怎么_____？（看电视）
5. 早上天气挺好的，怎么突然_____？（下雨）
6. 坐飞机来中国的时候，我和旁边的人_____。（聊天）

五、用"不论"完成下面的句子　Complete the sentences with "不论"

1. _____，我每天都要锻炼半个小时。
2. _____，他都会给家里人买礼物。
3. 我决定了要学好汉语，_____，都一定要学好。
4. 我特别喜欢吃中国菜，_____，我都喜欢吃。
5. _____，都应该跟家里人说一声。

六、仿照例句造句　Make sentences after the model

动词＋得/不……

例：做　完

　　A：你十分钟做得完这些练习吗？
　　B：做不完。

1. 看　清楚

　　A：你_____黑板上的字吗？
　　B：_____。

2. 听　懂

A：你_____导游说的话吗？

B：有的_____，有的_____。

3. 拿　动

A：这个箱子真重，你一个人_____吗？

B：我_____，所以我请哈利帮我。

4. 爬　上去

A：这山挺高的，你们_____吗？

B：我们常常锻炼，当然_____。

5. 吃　完

A：点这么多菜，_____吗？

B：如果_____，就带回去吧。

七、用在哪儿　Where can we use it

1. 按时：只要你吃药，病很快就会好的。

2. 只好：父母不同意，我不去了。

3. 的确：海南的风景很美。

4. 很多：我和大家在一起的时间比以前少了。

八、改错句　Correct the sentences

1. 不论明天天气不好，我也要去看他。

2. 每天回到家，不论累，他都要和孩子说一会儿话。

3. 他现在不住在学校的宿舍，他已经搬出去学校外面了。

4. 她从没一个人去中国的医院看病过，有点儿担心。

5. 看到美丽的风景，大家都拿出照相机拍照起来。

第二十三课　要不是没钱，我还想买车呢

生　词

1. 利用	（动）	lìyòng	to use	이용하다	利用する
2. 暑假	（名）	shǔjià	summer holiday	여름방학	夏休み
3. 关于	（介）	guānyú	about	대해서	…について
4. 上网	（动）	shàng wǎng	go on the internet	인터넷을 하다	インターネットを使う
5. 查	（动）	chá	to look up	찾다	調べる
6. 资料	（名）	zīliào	information, data	자료	資料
7. 直接	（形）	zhíjiē	direct	직접적	直接
8. 推荐	（动）	tuījiàn	to recommend	추천하다	薦める
9. 合理	（形）	hélǐ	proper	합리적	理にかなっている
10. 路线	（名）	lùxiàn	route	노선	路線

155

11. 由	（介）	yóu	from	…에서,…부터	…によって
12. 铁路	（名）	tiělù	railway	철로	鉄道
13. 平均	（形）	píngjūn	average	평균	平均
14. 海拔	（名）	hǎibá	elevation	해발	海抜
15. 减少	（动）	jiǎnshǎo	reduce	줄이다, 감소하다	減少する
16. 高原	（名）	gāoyuán	plateau	고원	高原
17. 反应	（名）	fǎnyìng	reaction	반응	反応
18. 道理	（名）	dàoli	reason, argument	도리	理由
19. 闹钟	（名）	nàozhōng	alarm clock	자명종, 알람	目覚まし時計
20. 准时	（形）	zhǔnshí	punctual	시간을 정확히 지키다	時間どおりに
21. 等于	（动）	děngyú	to equal to	같다	…に等しい
22. 白	（副）	bái	in vain	헛되이	むだに

西藏	Xīzàng	Tibet	티베트	地名
西宁	Xīníng	Xining	서녕	地名
布达拉宫	Bùdálā Gōng	Potala Palace	포탈라 궁전	ポタラ宮

课 文

　　来中国以前，哈利就听说西藏的风景很漂亮，文化传统也很特别。他很想去看看。

　　来中国以后他才知道，西藏在中国的西部，离上海特别远，

第二十三课　要不是没钱，我还想买车呢

去一次要花很长的时间。这次，哈利决心要利用暑假去西藏旅游。他看了很多关于西藏的书，问了很多去过那儿的朋友，还上网查了不少资料。

他原来打算从上海坐飞机直接到西藏。这样比较快，也比较方便。但是李阳向他推荐了一条更合理的路线：先坐飞机从上海到西宁，然后再由西宁坐火车到西藏。这样的话，路上花的时间不太长，还可以欣赏到铁路两边的风光。最重要的是，西藏的平均海拔是4500米，坐火车去的话，可以慢慢适应环境，减少高原反应。哈利觉得李阳说得很有道理。

为了这次旅行，哈利去买了一块带闹钟的手表。他说自己经常因为忘了时间而迟到。他听说参观西藏布达拉宫的时候如果迟到了，就不能进去。所以他一定要准时，不然，进不了布达拉宫，就等于白去了一趟西藏。

除了手表，哈利还买了新的旅行包、鞋子什么的。朋友们都说他为了这次旅游花的钱太多了，但是哈利说："要不是没钱，我还想买辆车，自己开车去西藏呢！"

句子

1. 李阳向他推荐了一条更合理的路线：先坐飞机从上海到西宁，然后再由西宁坐火车到西藏。
2. 他说自己经常因为忘了时间而迟到。
3. 他一定要准时，不然，进不了布达拉宫，就等于白去了一趟西藏。
4. 要不是没钱，我还想买辆车，自己开车去西藏呢！

一、替换，并造句 Substitute and make sentences with the given words or forms

1.

有的学生		假期	打工。
爸爸	利用	来上海出差的机会	来看了我一次。
他常常		休息的时间	练习书法。

……利用……

2.

我		朋友们		这个新电影。
我的同学	向	我	推荐	那家餐厅。
中国朋友		哈利		这种小吃。

……向……推荐……

3.

你		这儿的环境了吗？
北方人不太	适应	海南的气候。
我正在努力适应		老师上课的方法。

……适应……

第二十三课　要不是没钱，我还想买车呢

二、用"慢慢"和"渐渐"填空　Fill in the blanks with "慢慢" and "渐渐"

1. 晚饭以后，天＿＿＿＿＿＿黑了。
2. 你别着急，＿＿＿＿＿＿吃。
3. 你们不要担心，我＿＿＿＿＿＿会适应这儿的生活的。
4. 我不骑车了，我想自己＿＿＿＿＿＿走过去。

三、用"因为……而……"改写下面的句子　Rewrite the sentences with "因为……而……"

1. 别人的看法不能让他改变自己的决定。

   他不因为＿＿＿＿＿＿而＿＿＿＿＿＿。

2. 他总是丢东西，因为粗心。

   他总是因为＿＿＿＿＿＿而＿＿＿＿＿＿。

3. 因为你打工，影响了学习，你不能这样。

   你不能因为＿＿＿＿＿＿而＿＿＿＿＿＿。

4. 妈妈常常担心，因为孩子身体不好。

   妈妈常常因为＿＿＿＿＿＿而＿＿＿＿＿＿。

5. 最近很多人感冒，因为天气变化。

   最近很多人因为＿＿＿＿＿＿而＿＿＿＿＿＿。

四、用"动词＋不了"完成下面的句子　Complete the sentences with "V+不了"

1. 我原来打算今天去豫园玩儿，可下这么大的雨，＿＿＿＿＿＿了。（去）
2. 我今天腿很疼，＿＿＿＿＿＿。（跑步）
3. 虽然他在这儿已经半年了，可还是＿＿＿＿＿＿。（适应这儿的生活）

4. 那个小孩儿不认识回家的路，_____，大哭起来。（回家）

5. 我认识的汉字还不多，_____。（读中文报纸）

6. 虽然我有电脑，可是在宿舍里_____。（上网）

五、用"白+动词"完成下面的对话 Complete the dialogue with "白+V"

1. A：你找到他了吗？
   B：我去他宿舍的时候他不在，我_____。

2. A：听说你学过日语，现在还会说吗？
   B：一句都不会说了，真是_____。

3. A：这次考试我考得很不好。
   B：考试以前你复习了那么长时间，难道_____了？

4. A：你昨天在宿舍等你的朋友，他来了吗？
   B：他没来，我_____了一下午。

六、用"要不是……"改写下面的句子 Rewrite the sentences with "要不是……"

例：如果有钱的话，我就买一辆车。
　　→ 要不是没钱，我就买辆车。

1. 如果他不告诉我，我还不知道这件事。
   →_____

2. 我没钱了，他借给我两百块钱，我才有钱。
   →_____

3. 因为他给我打了电话，我没有忘记这件事。
   →_____

第二十三课　要不是没钱，我还想买车呢

4. 我想去旅游，但是现在太忙，不能去。

　　→ _____

5. 我的中国朋友帮助我，所以我很快适应了这里的生活。

　　→ _____

6. 我陪她看电影，是因为我想让她高兴。

　　→ _____

七、读短文，选词语填空　Read the passage, and choose the right words to fill in the blanks

> 节省　利用　自从　合理　了解　查　推荐

旅游是我的一大爱好。_____上大学以后，我常常_____假期去旅游。每去一个地方之前，我都会好好儿准备。比如，我会去问一些朋友，请他们给我_____一条最_____的路线，请他们告诉我怎样可以_____时间和费用。我还要上网_____一些资料，因为，如果你对那个地方比较_____，去旅游的时候会觉得更有意思。

八、作文　Write a composition

如果我有很多钱……

第二十四课

她们三个都是第一次去南京

生词

1. 主张	(动)	zhǔzhāng	to advocate	주장하다	主張する
2. 赞成	(动)	zànchéng	to agree with	찬성하다	賛成する
3. 临时	(副)	línshí	temporary, at the time when sth. happens	임시로	その時になって
4. 事先	(名)	shìxiān	beforehand	사전에	事前に
5. 卫生	(名)	wèishēng	hygiene	위생	衛生的である
6. 相同	(形)	xiāngtóng	same	같다	同じである
7. 意见	(名)	yìjiàn	idea, opinion	의견	意見
8. 商量	(动)	shāngliang	to discuss	상의하다	相談する
9. 帮忙	(动)	bāng máng	to help	도우다	手伝う
10. 名片	(名)	míngpiàn	name card	명함	名刺
11. 随时	(副)	suíshí	at any time	수시로	いつでも
12. 位置	(名)	wèizhi	location	위치	位置

第二十四课　她们三个都是第一次去南京

13. 舒适	（形）	shūshì	comfortble	편안하다	気分が良い
14. 业务	（名）	yèwù	business	업무	業務
15. 关系	（名）	guānxì	relation	관계	関係
16. 打折	（动）	dǎ zhé	to give a discount	할인하다	割引をする
17. 中心	（名）	zhōngxīn	center	중심	中心
18. 不大		búdà	not very	그다지…하지 않다	あまり…でない
19. 呆	（动）	dāi	to stay	머무르다	ぽかんとする
20. 放心	（动）	fàng xīn	to rest assured	마음 놓다	安心する
21. 解决	（动）	jiějué	to solve	해결하다	解決する
22. 安心	（形）	ānxīn	to be at ease	안심하다	落ち着く

| 昆明 | | Kūnmíng | Kunming | 곤명 | 地名 |

课　文

　　丽莎、黄佳佳和芳子打算去南京旅游。她们三个都是第一次去南京，不知道住什么宾馆好。丽莎主张到了南京再说，到时候在市区随便找一家就可以了。黄佳佳不赞成，她担心临时找宾馆找不到好的。芳子也觉得应该事先找好宾馆，而且应该找一家卫生条件好，周围环境也好的。不过，她们有一个相同的意见，那就是：一定要又好又便宜！

　　她们正商量着，哈利来了。听了她们的讨论，哈利说：

"你们为什么不请王欣帮帮忙呢?"丽莎说:"上次带我们去昆明的那位导游吗?"哈利说:"对啊!她不是挺热情的吗?上次还留了张名片给你,说有事随时找她。不如打个电话问问她。"

电话里,王欣热情地向她们推荐了一家四星级宾馆。那家宾馆在南京的风景区。宾馆的位置好,周围有山有水;房间里的条件也很好,非常舒适。而且,因为这家宾馆和王欣的旅行社有业务关系,所以还可以打折。芳子和黄佳佳都很满意。只是丽莎担心宾馆离市中心远,晚上逛街不大方便。她可不愿意晚上呆在房间里。王欣请她放心,从宾馆打车到市区,并不太远。

解决了住宿的问题,大家都安心了。

句子

1. 黄佳佳担心临时找宾馆找不到好的。芳子也觉得应该事先找好宾馆,而且应该找一家卫生条件好,周围环境也好的。
2. 你们为什么不请王欣帮帮忙呢?
3. 我们不如打个电话问问她。

第二十四课 她们三个都是第一次去南京

一、替换，并造句 Substitute and make sentences with the given words or forms

1.

我		等天气暖和的时候再去旅游。
有的人	主张	让孩子早点儿上学。
老师		我们多交中国朋友。

……主张……

2.

你		他的意见吗？
大家都	赞成	他说的话。
很多人不		小孩子每天学习太长时间。

……赞成……

3.

我要		家里人		一下。
他还没	和	父母	商量	这件事。
我		李阳		好今天下午一起练习口语。

……和……商量……

1.

需要帮忙的话，请		找我。
有了手机，可以	随时	跟朋友联系。
如果有问题，可以		问老师。

……随时……

二、读词组，选词组填空 Read the phrases, and choose the right one to fill in the blanks

| 临时让我翻译 | 临时买票 | 临时复习 |
| 临时改变旅游安排 | 临时买了一张 | 临时换人 |

1. 看电影不用订票，_____就可以了。

2. 去苏州旅游的时候，我忘了带地图册，到那儿以后_____。

3. 表演那天，那个演员突然生病了，只好_____。

4. 由于天气不好，导游只好_____。

5. 学完一课以后，应该认真复习，不能全都等到考试以前_____。

6. 公司来了几个外国客人，翻译又不在，只好_____。

三、用"事先"完成下面的句子 Complete the sentences with "事先"

1. 如果你不能来上课，应该_____。

2. 客人来以前，_____。

3. 因为他_____，所以见到他来中国，我很吃惊。

4. 去一个地方旅游以前，最好_____，这样可以对那个地方更加了解。

5. 你要去朋友家，最好_____，这样比较礼貌。

第二十四课　她们三个都是第一次去南京

四、用"到时候……"改写下面的句子　Rewrite the sentences with "到时候……"

例：我现在还不知道下个月什么时候去上海，去的时候再给你打电话。

→我现在还不知道下个月什么时候去上海，到时候再给你打电话。

1. 你现在别担心这件事，要做这件事的时候我会帮助你。

　　→_____

2. 圣诞节我们要开圣诞晚会，圣诞晚会的时候老师和学生都要表演节目。

　　→_____

3. 我们明天先在学校门口见面，见面以后再商量去哪儿吃饭。

　　→_____

4. 这次考试的成绩一个月以后才能知道，一个月以后你可以上网查成绩。

　　→_____

五、用"不如……"完成下面的对话　Complete the dialogue with "不如……"

1. A：我们去公共汽车站坐车吧。

　　B：现在是下班时间，路上很堵，_____。

2. A：去吃饭吧。

　　B：现在餐厅人一定很多，_____。

3. A：我想今天去买一件大衣。

　　B：我听朋友说周末商场会打折，_____。

4. A：买三盒牛奶够了吗？

　　B：每天都要喝，房间里也有冰箱，_____。

5. A：我去他宿舍告诉他。

　　B：他现在不一定在宿舍，_____。

六、用"可不/没……"完成下面的对话　Complete the dialogue with "可不/没……"

1. A：学汉语容易吗？

   B：_____，一定要努力才能学好。

2. A：假期我跟旅游团一起去旅游。

   B：_____，跟旅游团去一点儿自由也没有，我要自己去。

3. A：我听说中国的东西都很便宜。

   B：那要看是什么东西。有的东西很便宜，_____。

4. A：你不是说下个星期考试吗？

   B：你肯定记错了，_____，是别人说的吧。

七、用在哪儿　Where can we use it

1. 随时：有什么问题跟公司联系。

2. 临时：老板原来没说这个周末要加班，是通知的。

3. 呆：下课了，别在教室里，出去活动一下吧。

4. 一下儿：哈利，快过来帮忙。

第二十五课

中国电影我都喜欢

生词

1.	摸	（动）	mō	to stroke, to touch	만지다	なでる
2.	不得了		bù déliǎo	extremely	매우	…でたまらない
3.	着迷	（动）	zháo mí	to be fascinated	사로잡히다	夢中になる
4.	结果	（连）	jiéguǒ	as the result	결과	…のに
5.	全部	（名）	quánbù	all	전부	全部
6.	实在	（副）	shízài	really	확실히, 참으로	本物の
7.	光	（副）	guāng	only	오직	ただ…、だけ
8.	摇	（动）	yáo	to shake	흔들다, 고개를 젓다	揺れる
9.	京剧	（名）	jīngjù	Peking Opera	경극	京劇
10.	声音	（名）	shēngyīn	voice	소리	音声
11.	功夫	（名）	gōngfu	kung fu	쿵후	カンフー

12. 片	（名）	piàn	movie	영화	平たく薄いものを指す
13. 反映	（动）	fǎnyìng	to reflect	나타내다, 반영하다	反映する
14. 社会	（名）	shèhuì	society	사회	社会
15. 变化	（动）	biànhuà	change	변화	変化する
16. 优秀	（形）	yōuxiù	excellent	뛰어나다, 우수하다	優秀である
17. 奖	（名）	jiǎng	award, prize	상	褒美、褒賞
18. 初级	（形）	chūjí	beginner's stage	초급	初級
19. 怕	（副）	pà	be afraid	아마	怖がる
20. 动画	（名）	dònghuà	animated cartoon	동화	アニメ
21. 西瓜	（名）	xīguā	watermelon	수박	スイカ
22. 半夜	（名）	bànyè	midnight	한밤중	真夜中
猪八戒		Zhūbājiè	a character in "Pilgrimage to the West"	저팔계	猪八戒

课　文

　　哈利昨天没有来上课。丽莎问他是不是病了。哈利不好意思地摸摸头，笑着说："不是。前天朋友借给我几张成龙电影的DVD，里面的武打精彩得不得了。我看得着了迷，看了一个还想再看一个，结果全部看完了，很晚才睡觉，早上实

第二十五课　中国电影我都喜欢

在起不来了。"

丽莎说："你看电影光看武打的吗？"

哈利说："当然不是。很多中国电影我都喜欢。"

丽莎说："那我考考你，你知道中国最早的电影是什么时候拍的，是一部什么电影吗？"

哈利摇了摇头，说："不知道。"

丽莎告诉他，中国的第一部电影是一部京剧电影，1905年就拍了。但是那部电影是没有声音的。"你别老看功夫片。"丽莎说，"其实中国还有很多好看的电影。比如说，很多反映社会生活、历史变化的电影都非常优秀，有的还在国际电影节上得过奖呢！"

哈利说："这我知道。可是我的汉语还是初级水平，这些电影我怕看不懂。"

丽莎说："那你可以看一些比较短的动画片，又简单又有意思，还能学汉语。比如《猪八戒吃西瓜》什么的。"

哈利说："有道理，我去找来看看。"

丽莎说："我有，借给你看吧。不过，这回可别再看到半夜了。"

句　子

1. 前天朋友借给我几张成龙电影的DVD，里面的武打精彩得不得了。
2. 我看得着了迷，看了一个还想再看一个，结果全部看完了，很晚才睡觉，早上实在起不来了。
3. 你看电影光看武打的吗？
4. 可是我的汉语还是初级水平，这些电影我怕看不懂。

练习

一、读词组，选词组填空 Read the phrases, and choose the right one to fill in the blanks

（一）多得不得了　　精彩得不得了　　丰富得不得了
　　　美得不得了　　喜欢得不得了　　好吃得不得了

1. "五一"假期，旅游的人＿＿＿＿＿＿＿＿＿＿。
2. 我最喜欢去那个超市，那儿的东西＿＿＿＿＿＿＿＿＿＿。
3. 我第一次吃这种小吃的时候，觉得＿＿＿＿＿＿＿＿＿＿。
4. 听说西藏的风景＿＿＿＿＿＿＿＿＿＿。
5. 我送给妹妹的礼物，她＿＿＿＿＿＿＿＿＿＿。
6. 那天的表演＿＿＿＿＿＿＿＿＿＿。

（二）听了还想再听　　看了还想再看　　吃了一个还想再吃一个
　　　去了还想再去　　唱了还想再唱　　玩儿了一次还想再玩儿一次

1. 这本书太有意思了，我＿＿＿＿＿＿＿＿＿＿。
2. 他特别喜欢唱歌，每次去卡拉OK，他总是＿＿＿＿＿＿＿＿＿＿。
3. 中国有很多美丽的地方，让人＿＿＿＿＿＿＿＿＿＿。
4. 小笼包好吃得不得了，我＿＿＿＿＿＿＿＿＿＿。
5. 中国古代有很多动人的故事，我们＿＿＿＿＿＿＿＿＿＿。
6. 这个游戏太好玩儿了，孩子们＿＿＿＿＿＿＿＿＿＿。

二、仿照例句造句 Make sentences after the model

（一）对……很着迷

例：哈利＿＿＿＿＿＿＿＿＿＿。（中国电影）
　　→哈利对中国电影很着迷。

第二十五课　中国电影我都喜欢

1. 他＿＿＿＿＿＿＿＿＿。（中国功夫）

2. 弟弟＿＿＿＿＿＿＿＿＿。（上网）

3. 很多女孩子＿＿＿＿＿＿＿＿＿。（那个明星）

4. 爷爷＿＿＿＿＿＿＿＿＿。（京剧）

（二）……V 得着了迷

例：他玩电脑游戏。→ 他玩电脑游戏玩得着了迷。

1. 孩子们听奶奶讲故事＿＿＿＿＿＿＿＿＿。

2. 他们看杂技表演＿＿＿＿＿＿＿＿＿。

3. 她画画儿＿＿＿＿＿＿＿＿＿。

三、用"……，结果……"完成下面的句子　Complete the sentences with "……，结果……"

1. 那些菜太辣了，哈利又吃得太多，＿＿＿＿＿＿＿＿＿。

2. 天气不太好，可是我出门的时候没带伞，＿＿＿＿＿＿＿＿＿。

3. 我第一次自己做饭，又没有人教我，＿＿＿＿＿＿＿＿＿。

4. 我以为考试很容易，就没有好好复习，＿＿＿＿＿＿＿＿＿。

5. 他觉得只是感冒，没有关系，就没去医院，＿＿＿＿＿＿＿＿＿。

6. 丽莎和姐姐在海南的时候，每天在海边游泳、晒太阳，＿＿＿＿＿＿＿＿＿。

四、用"光……"完成下面的句子　Complete the sentences with "光……"

1. 你别＿＿＿＿＿＿＿＿＿，也要吃点儿蔬菜。

2. 学汉语，除了读写，口语和听力也很重要，＿＿＿＿＿＿＿＿＿是不行的。

3. 很多人旅游的时候，＿＿＿＿＿＿＿＿＿，没有好好儿欣赏风景。

4. 租房子的时候，不能＿＿＿＿＿＿＿＿＿，还要看生活方便不方便。

5. 看《花样年华》那部电影的时候，女主人公的旗袍太漂亮了，我_____，_____，电影讲的什么故事都忘了。

五、用"……怕……"改写下面的句子　Rewrite the sentences with "……怕……"

例：那些书太难了，我可能看不懂。
→ 那些书太难了，我怕看不懂。

1. 这么晚了，地铁可能已经没有了。
→ _____

2. 他现在还没来，可能不会来了。
→ _____

3. 如果你想游览完中国所有的名胜古迹，可能要花不少钱。
→ _____

4. 天阴得厉害，下午可能要下雨。
→ _____

5. 你行李这么重，一个人大概拿不动，还是我们帮你吧。
→ _____

六、用在哪儿　Where can we use it

1. 全部：他说的话我能听懂。
2. 实在：这件衣服一百块太贵了。
3. 过：他们的表演在全国得奖。
4. 光：我给父母买了点儿礼物，没给自己买东西。
5. 老：这个汉字我练习了很多次，可还是忘。

第二十五课　中国电影我都喜欢

七、读短文，选词语填空 Read the passage, and choose the right words to fill in the blanks

> 实在　着迷　影响　全部　变化　优秀　反映　光

哈利的爸爸对中国文化很＿＿＿＿＿＿。他会唱中国的京剧，也看了很多中国的小说。特别是那些＿＿＿＿＿＿中国历史和社会＿＿＿＿＿＿的小说，他非常喜欢。爸爸的爱好＿＿＿＿＿＿了哈利。哈利从小就喜欢中国文化。和很多年轻人一样，他最感兴趣的是中国功夫。他很喜欢香港电影明星成龙。成龙的武打电影哈利＿＿＿＿＿＿都看过。他觉得成龙是最＿＿＿＿＿＿的武打演员。哈利也很想练中国功夫，不过那＿＿＿＿＿＿太难了。哈利常常说自己是："＿＿＿＿＿＿看不练。"

八、作文 Write a composition

一部很有意思的电影

第二十六课

我只是在忙着拍照

生 词

1. 云	（名）	yún	cloud	구름	雲
2. 糟糕	（形）	zāogāo	too bad	엉망진창이다	だめになる
3. 永远	（副）	yǒngyuǎn	forever	영원히	永久に
4. 黄梅天		huángméi tiān	rainy season	장마	梅雨
5. 干	（形）	gān	dry	마르다	乾燥している
6. 伞	（名）	sǎn	umbrella	우산	傘
7. 跑步	（动）	pǎo bù	to jog	뛰다	走る
8. 减	（动）	jiǎn	to reduce	빼다, 줄이다	減らす
9. 肥	（形）	féi	fat	살찌다	肥えている
10. 暂时	（名）	zànshí	temporary	잠시	しばらく
11. 讨厌	（动）	tǎoyàn	to dislike	싫다, 귀찮다	嫌う
12. 屋	（名）	wū	room	집	部屋
13. 紧	（形）	jǐn	short of time	족박하다	しっかりと
14. 催	（动）	cuī	to urge	재촉하다	催促する

第二十六课 我只是在忙着拍照

15. 不得不		bùdébù	have to	할 수 없이	…せざるを得ない
16. 回忆	（动）	huíyì	to recall	돌이키다, 회상하다	思い出す
17. 整个	（形）	zhěnggè	whole	모두	全部
18. 弄	（动）	nòng	to make, to handle…	하다, (하게) 만들다	する
19. 疲劳	（形）	píláo	tired	피곤하다	疲労、疲れる
20. 尽	（动）	jǐn	as possible as one can	다하다	尽きる
21. 行程	（名）	xíngchéng	journey, schedule of travel	여행 일정	道のり
22. 征求	（动）	zhēngqiú	to solicit, to seek (for opinions)	(의견을) 알아보다	たずね求める
23. 自由	（名）	zìyóu	freedom	자유, 자유롭다	自由
24. 盼望	（动）	pànwàng	to look forward to	간절히 바라다	待ち望む

课 文

10月26日 星期三 天气：小雨转多云

最近上海的天气很糟糕，总是下雨，好像永远不会停。中国朋友说这叫"黄梅天"。洗的衣服干不了，总是湿湿的。出门也很麻烦，又要打伞，又要小心地上的水。我的跑步减肥计划只好暂时停下来。心情也好像被雨淋湿了一样，总高兴不起来。

我讨厌被关在屋子里。

刚才哈利把上次旅游的照片给我送过来，我们聊了一会儿天。照片都拍得不错，不过我对上次旅游并不十分满意。我感觉时间太紧。导游总是催我们快点儿、快点儿。每个景点，我刚拍了几张照片，还没来得及好好儿欣赏风景，时间就到了，不得不急着往回走。现在我回忆起来，好像整个旅游的过程中，我只是在忙着拍照。还有，每天晚上都很晚才回到宾馆，第二天又很早就起床，弄得我们非常疲劳。

哈利说，这些问题他都已经跟王欣说过了。王欣解释说，旅行社想尽可能给我们把行程安排得丰富一些，没想到我们并不喜欢这样。王欣答应，下次我们再找他们旅行社的话，他们会先征求我们的意见，让我们有更多的自由，而且还可以给我们打八五折。

我盼望这"黄梅天"快点儿过去，不然，怎么能再出去旅游呢？

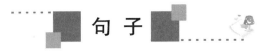

句 子

1. 每个景点，我刚拍了几张照片，还没来得及好好儿欣赏风景，时间就到了，不得不急着往回走。
2. 每天晚上都很晚才回到宾馆，第二天又很早就起床，弄得我们非常疲劳。
3. 旅行社想尽可能给我们把行程安排得丰富一些，没想到我们并不喜欢这样。

第二十六课　我只是在忙着拍照

练　习

一、替换，并造句　Substitute and make sentences with the given words or forms

1.

弟弟		吃蔬菜。
我特别	讨厌	这样的天气。
人人都		做自己不喜欢的事。

……讨厌……

2.

他家里人		他	赶快回国。
妈妈每天早上	催	我	起床。
你打个电话		她	快出来。

……催……

3.

孩子们都		过生日。
大学生们	盼望	找到满意的工作。
老人		儿女们回家过年。

……盼望……

我们		把东西放在这儿。
老板安排他	暂时	在这个办公室工作。
你的工作		请他帮你做。

……暂时……

二、用"来得及"、"来不及"完成下面的对话 Complete the dialogue with "来得及"，"来不及"

1. A：你还不去机场就_____了。
   B：飞机十二点才起飞，现在才九点，路上只要半个小时，_____。

2. A：我回国的时候走得太急了，没_____跟老师说再见。
   B：那太遗憾了。

3. A：上课的时间太早，我早上常常_____吃早饭。
   B：那你上午不饿吗？

4. A：现在去银行取钱_____？
   B：银行五点关门，现在四点五十了，_____。

5. A：这次考试题太多了，_____做。
   B：如果你写字写得快一点儿，可能就_____。

三、用"不得不"完成下面的句子 Complete the sentences with "不得不"

1. 我刚买的 MP3 坏了，_____。
2. 刚来中国的时候，因为不会说汉语，_____。
3. 看演唱会的时候，前面的人都兴奋得站了起来，我_____。

第二十六课　我只是在忙着拍照

4. 老板觉得我的工作做得不好，我_____。

5. 因为没有买到飞机票，他们_____。

四、读词组，选词组填空　Read the phrases, and choose the right one to fill in the blanks

(一) 弄坏了　　弄得她脸都红了　　弄得家里人很担心
　　弄破了　　弄得大家都笑了

1. 我可以把我的电脑借给你，不过你别_____。
2. 我不知道什么时候把自己的手_____。
3. 他的表演特别有意思，_____。
4. 他打电话说他病了，_____。
5. 大家都跟她开玩笑，_____。

(二) 急着去上课　　急着回国　　忙着招待客人
　　忙着办手续　　急着找他

1. 接到公司的电话，他_____，下午就去买机票了。
2. 早上他_____，结果出门的时候忘了带钥匙。
3. 我_____，给他打了好几次手机。
4. 他马上要出国，现在正_____。
5. 我回家的时候，看到家里来了很多客人，妈妈_____。

五、用"没想到……"完成下面的句子　Complete the sentences with "没想到……"

1. 我们一起去那个饭馆儿吃饭，_____。
2. 来上海以前，我觉得上海冬天应该不太冷，_____。
3. 我以为朋友们都忘了我的生日，_____。
4. _____，我学了还想再学。

5. _____，我开始觉得有点儿紧张。

六、读短文，选词语填空 Read the passage, and choose the right words to fill in the blanks

---

| 减肥 | 来不及 | 总 | 讨厌 | 影响 |
| 选择 | 没想到 | 疲劳 | 盼望 | 好处 |

我来中国以前，家里人_____担心：在中国，一个人生活，吃的东西也不习惯，怎么办呢？来中国以后，_____，我马上就习惯了这里的生活，而且，爱上了中国菜。因为吃得比较多，我胖了很多。我决定开始_____。以前，我很_____跑步，觉得跑步没意思极了。可是，听说跑步对减肥最有_____。所以，我_____了跑步。刚开始，我早上跑步。过了几天就发现不行。第一是因为我上课的时间比较早，早上跑完步，洗完澡，常常_____吃早饭就得去上课了；第二是因为跑完步有点儿_____，_____上课。现在我晚上跑。我_____能早一点儿减肥成功（chénggōng, succeed）。

第二十七课　她们才坐了两个多小时火车就到了南京

生词

1. 动身	（动）	dòngshēn	to set off	출발하다	出発する
2. 明亮	（形）	míngliàng	bright	밝다, 환하다	明るい
3. 据说	（动）	jùshuō	it is said	듣건데	聞くところによると
4. 建	（动）	jiàn	to build	짓다, 건설하다	建てる
5. 既…也…		jì…yě…	both... and...	…할 뿐만 아니라…도	…であるばかりか…でもある
6. 省	（动）	shěng	to save	감하다, 덜다	省ける
7. 旁	（名）	páng	side	옆	横
8. 超过	（动）	chāoguò	to exceed, surpass	넘다, 초과하다	追い越す
9. 宽阔	（形）	kuānkuò	wide, vast	넓다	広々としている

183

10. 种	（动）	zhòng	to plant	심다	植える
11. 高大	（形）	gāodà	tall and big	높고 크다	高くて大きい
12. 连…都…		lián…dōu…	even…	…조차도, …까…さえ…である 지도, …마저도	
13. 耳朵	（名）	ěrduo	ear	귀	耳
14. 鸟	（名）	niǎo	bird	새	鳥
15. 大堂	（名）	dàtáng	lobby of a hotel	로비	広間
16. 用不着		yòng bu zháo	not need	필요 없다	必要としない
17. 听见	（动）	tīngjiàn	to hear	듣다	耳にする
18. 礼貌	（名）	lǐmào	politeness	예절	礼儀
19. 前台	（名）	qiántái	reception of a hotel	카운터	フロント
20. 记	（动）	jì	to write down	기억하다	書き留める
21. 退	（动）	tuì	to give back	환불하다	返す、きどす
22. 周到	（形）	zhōudào	considerate	세심하다, 빈틈없다	周到である
23. 轻松	（形）	qīngsōng	relaxed	가볍다	気楽である

课 文

　　周末到了，芳子、黄佳佳和丽莎早上动身，才坐了两个多小时火车就到了南京。南京的火车站又干净又明亮，据说是新建的。走出火车站，她们决定打车去宾馆。这样既省事，也能

第二十七课　她们才坐了两个多小时火车就到了南京

看看路旁的风景。南京的美超过了她们的想象。宽阔的马路，路边都种着高大的树木，整个城市好像穿上了一件绿色的外套。

到了王欣推荐的那家宾馆，她们更兴奋了。宾馆就在风景区里，周围都是绿色的山，宾馆里边也到处都是树木和花草，连空气里都带着花草的香味。到了房间，打开窗户，眼睛看到的是一片绿色，耳朵听到的是小鸟的叫声。

休息了一会儿，她们准备出去玩儿。走到宾馆大堂，她们才发现，外面下起了小雨。"糟糕，我忘了带伞。你们呢？"芳子说。黄佳佳摇摇头，说："我也没有。我还以为这两天天气都挺好，用不着带伞呢！"门口的服务员听见了，很有礼貌地对她们说："小姐，我们宾馆为客人提供雨伞，你们可以去前台借。"

前台服务员记下她们的房间号，就给了她们三把伞，告诉她们，只要退房的时候过来还就行了。

"这家宾馆为客人想得真周到！"她们拿着伞，轻松愉快地走出了宾馆。

句 子

1. 芳子、黄佳佳和丽莎早上动身，才坐了两个多小时火车就到了南京。
2. 她们决定打车去宾馆。这样既省事，也能看看路旁的风景。
3. 宾馆里边也到处都是树木和花草，连空气里都带着花草的香味。
4. 我还以为这两天天气都挺好，用不着带伞呢！

练习

一、替换，并造句 Substitute and make sentences with the given words or forms

1.

| 据说 | 北京秋天最美。
学校要举行新年晚会。
他要去国外工作一年。 |

据说……

2.

| 后面的车
那个城市的人口
我们学校的留学生 | 超过 | 了我们的车。
了别的城市。
一千人。 |

……超过……

3.

| 宾馆
旅行社
飞机上 | 为 | 客人
游客
乘客 | 提供 | 免费早餐。
了很好的服务。
饮料和午餐。 |

……为……提供……

第二十七课　她们才坐了两个多小时火车就到了南京

一、

> 那儿的服务很
> 他考虑问题很　　　　　周到。
> 他们招待客人很

……周到

二、读词组，选词组填空　Read the phrases, and choose the right one to fill in the blanks

> 省事　　省时间　　省钱　　省电　　省油　　省路费

1. 这种汽车比别的汽车_____。
2. 有了e-mail，我们不用去邮局寄信了，_____了很多_____。
3. 为了_____，他从来不买贵的衣服。
4. 没买到机票，只好坐火车去，虽然累一点儿，但是_____了不少_____。
5. 已经不早了，我们打车去吧，可以_____一些_____。
6. 因为电费比较贵，所以大家当然愿意买_____的空调。

三、用"连……都……"完成下面的句子　Complete the sentences with "连……都……"

1. 最近我真是太忙了，_____。
2. 刚来的时候，我不会说汉语，_____。
3. 她这几天身体很不舒服，_____。
4. 你在上海已经生活了半年了，怎么_____？
5. 因为没有好好儿复习，所以考试的时候，_____。

6. 早上时间太紧了，我常常_____。

四、用"……还以为……"完成下面的对话 Complete the dialogue with "……还以为……"

1. A：你怎么现在才来？我_____！

   B：我当然要来，不过起得有点晚，所以迟到了。

2. A：她是日本人。

   B：是吗？她汉语说得那么好，我_____。

3. A：好几天没见你，我_____，原来你还在这儿啊！

   B：对，前一段时间我病了，所以没来上课。

4. A：我看他那么年轻，我_____。

   B：不是，他是我们这儿的老师。

五、用"既……也……"改写下面的句子 Rewrite the sentences with "既……也……"

例：打车去省事。打车去能看路边的风景。
　　→打车去既省事又能看路边的风景。

1. 他会说英语。他会说汉语。

   →_____

2. 他没有给我电话号码。他没有给我 e-mail。

   →_____

3. 来中国以前，我很兴奋。来中国以前，我有点儿担心。

   →_____

4. 骑自行车上班能锻炼身体。骑自行车上班能省路费。

   →_____

第二十七课 她们才坐了两个多小时火车就到了南京

六、用"用不着……"完成下面的句子 Complete the sentences with "用不着……"

1. 妈妈,我在这儿生活得很好,你_____。

2. 我们只有两个人,_____。

3. 那个地方离这儿很近,我们走路去就行了,_____。

4. 今天不太冷,_____。

5. 在中国,商店里东西很丰富,所以来中国的时候_____。

七、仿照例句造句 Make sentences after the model

例:才……就……

　　坐了三个小时的火车　到了南京

　　→她们才坐了三个小时的火车就到了南京。

1. 看了一会儿电视　睡着了

　　→_____

2. 吃了几口　饱了

　　→_____

3. 看了一会儿书　开始看电视

　　→_____

4. 我等了两分钟　他来了

　　→_____

5. 看了一会儿电影　不想看了

　　→_____

八、作文 Write a composition

我最喜欢的城市

第二十八课

我过一会儿给你发短信吧

生 词

1. 短信	(名)	duǎnxìn	short message	문자메시지	メッセージ
2. 对于	(介)	duìyú	with regard to	동사의 동작 대상을 가킴	…について
3. 大多数	(名)	dàduōshù	great majority, most	대부분	大多数
4. 黄金周		huángjīn zhōu	referd to chinese holidays during National Day and Spring Festival	황금 주	ゴールデンウ
5. 宝贵	(形)	bǎoguì	precious	소중하다	大切な
6. 爱好	(动)	àihào	to be fond of	좋아하다	趣味
7. 游山玩水		yóu shān wán shuǐ	to traval	산수간에놀며즐기다	各地の風景を観光して回る
8. 梦想	(名)	mèngxiǎng	dream	꿈	夢

第二十八课 我过一会儿给你发短信吧

9. 省	（名）	shěng	province	성	省
10. 名胜	（名）	míngshèng	a scenic spot	명승고적	名所
11. 所	（量）	suǒ	measure word for houses, schools, hospitals, etc.	곳, 장소개	学校や病院を数える単位
12. 托	（动）	tuō	to ask (sb. to do sth.)	맡기다	託す
13. 研究	（动）	yánjiū	to research	연구하다	研究する
14. 由于	（连）	yóuyú	because, due to	…때문에	…による
15. 处理	（动）	chǔlǐ	to handle, conduct	처리하다	処理する
16. 因此	（连）	yīncǐ	so, therefore	그래서	それゆえ
17. 抽	（动）	chōu	to try and find time	(시간을) 내다	引(時間)をとれる
18. 完成	（动）	wánchéng	to complete, finish	완성하다	完成する
19. 任务	（名）	rènwu	mission	임무	任務
20. 好容易	（形）	hǎoróngyì	not at all easy	겨우	やっとのことで
21. 地址	（名）	dìzhǐ	address	주소	住所
22. 办事		bàn shì	to handle affairs	일을 하다	仕事をする

课文

　　对于大多数人来说，黄金周是宝贵的假期，而对于导游王欣来说，黄金周却是她最忙最累的日子。因为爱好旅游的人们往往会选择这个时间来实现自己游山玩水的梦想。这个黄金周，王欣带着一个旅游团在浙江省的一些风景名胜区游览,最后一站是杭州。她妈妈有个朋友是杭州一所著名大学的教授。出门的时候,妈妈托王欣给朋友带些研究资料去。

由于这个团人比较多,需要处理的事情也就比较多。因此,王欣一直抽不出时间来完成妈妈给她的任务。最后一天,行程都结束了。王欣好容易空下来,马上就给妈妈的朋友打手机:"阿姨,您好。我是欣欣呀。我带团来杭州,我妈让我给您带些资料来。""欣欣,我们全家都在外地旅游呢。明天回杭州。你明天到我家玩儿吧。"阿姨说。王欣说:"不好意思,今天下午我就走了。这样吧,我把东西放在宾馆的前台。您回来以后,到这儿来取,行吗?""行啊。你住在什么宾馆?"这时候,有人敲门。王欣只好说:"阿姨,对不起,有人找我。我过一会儿给您发短信告诉您宾馆的地址吧。"

妈妈的事办好了,王欣心里更轻松了。她收拾好行李,到大堂去等游客们集合去火车站。

句 子

1. 对于大多数人来说,黄金周是宝贵的假期,而对于导游王欣来说,黄金周却是她最忙最累的日子。

2. 由于这个团人比较多,需要处理的事情也就比较多。因此,王欣一直抽不出时间来完成妈妈给她的任务。

3. 王欣好容易空下来,马上就给妈妈的朋友打手机。

第二十八课　我过一会儿给你发短信吧

练 习

一、替换，并造句　Substitute and make sentences with the given words or forms

1.

我们都		音乐。
很多人	爱好	旅游。
我们全家人都		运动。

……爱好……

2.

妈妈		王欣	帮她办一件事。
朋友	托	我	在上海给他买一点茶叶。
我		在美国的朋友	打听去美国留学的事。

……托……　……

3.

他		空	给家里人打了个电话。
我每个星期	抽	一天时间	回家看父母。
你能不能		出一点儿时间	跟他谈一谈？

……抽……　……

我们每天都应该_____作业。	
你还没有_____完成	老板给你的工作。
他每个月都能_____	公司给他的任务。

……完成……

二、读词语，选词语填空 Read the phrases, and choose the right one to fill in the blanks

大多数中国人　大多数商店　大多数时候　大多数游客　大多数家庭

1. 节日的时候，_____打折。

2. _____选择冬天去海南。

3. 现在在中国，_____只有一个孩子。

4. 春节的时候，_____回家过年。

5. 晚上，我_____在宿舍，很少出去玩儿。

三、仿照例句造句 Make sentences after the model

（一）对于……来说

例：大多数人　黄金周是宝贵的假期。

→对于大多数人来说，黄金周是宝贵的假期。

1. 我　家人的健康最重要。

→_____

2. 年轻人　留学是很宝贵的经历

→_____

第二十八课　我过一会儿给你发短信吧

3. 运动员　每次比赛都很重要
   → _____

4. 父母　孩子是最宝贵的
   → _____

5. 我　最好的休息方式是听音乐
   → _____

6. 一个城市　环境很重要
   → _____

（二）由于……，……

例：这个团人比较多　需要处理的事情就比较多
　　→ 由于这个团人比较多，需要处理的事情也就比较多。

1. 天气的原因　飞机不能按时起飞
   → _____

2. 昨天晚上没休息好　他今天上课的时候总想睡觉
   → _____

3. 交通不好　很多人不愿意自己开车
   → _____

4. 时间比较紧　我没来得及好好儿看风景
   → _____

5. 人太多　没能好好儿欣赏表演
   → _____

四、用"因此"完成下面的句子　Complete the sentences with "因此"

1. 做生意并不是一件容易的事，_____。
2. 王欣是一个导游，_____。

3. 很久以前，我就听说中国是个很美的国家，_____。

4. 在上海，有很多外国的公司，_____。

5. 他已经在这个公司工作了很多年，_____。

五、用"好容易"完成下面的句子　Complete the sentences with "好容易"

1. 今天的作业可真多，_____。

2. 音乐厅前面排队买票的人太多了，_____。

3. _____，却没有我要的尺码。

4. 我第一次去那个地方，不认识路，问了好多人，_____。

六、改错句　Correct the sentences

1. 这些书我看过大多数。

2. 我往往吃中国菜。

3. 我不能自己去医院看病，由于汉语不好。

4. 朋友说有事打电话他手机。

5. 我放妈妈给我的礼物在桌子上。

第二十九课　不努力工作可不行啊

生词

1. 不行	(动)	bùxíng	not good	안된다	だめだ、いけなこ
2. 直到	(动)	zhídào	until	쭉, …에 이르다	…になるまで
3. 回信	(动)	huí xìn	to write back	답장하다	返信
4. 拼命	(副)	pīnmìng	with all one's might	목숨을 걸다, 적극적으로 하다	一生懸命
5. 内	(名)	nèi	in, inside	내	内部
6. 市场	(名)	shìchǎng	market	시장	市場
7. 竞争	(名)	jìngzhēng	competition	경쟁	競争
8. 激烈	(形)	jīliè	fierce	치열하다	激しい
9. 热爱	(动)	rè'ài	to have a deep love for	열렬히 사랑하다	熱愛する
10. 付	(动)	fù	to pay	지불하다	払う
11. 精力	(名)	jīnglì	energy	정력, 기력	気力と体力

12. 生气	（动）	shēng qì	to be angry	화내다	怒る
13. 根本	（副）	gēnběn	at all	전혀	根本的な根っから
14. 任何	（代）	rènhé	any	아무	いかなる…でも
15. 要求	（动）	yāoqiú	to ask, require	요구하다	要求する
16. 遍	（量）	biàn	measure word for action	번	動作の始めから終わりまでの全過程を数える単位
17. 提醒	（动）	tíxǐng	to remind	일깨우다	注意を与える
18. 果然	（副）	guǒrán	really, as expected	과연	やはり
19. 隔壁	（名）	gébì	next door	옆방	隣家
20. 当…的时候		dāng…de shíhou	when	언제, 어떤때에	…している時に
21. 满足	（动）	mǎnzú	to be satisfied, satisfy	만족하다	満足する
22. 经验	（名）	jīngyàn	experience	경험	経験
23. 万事如意		wànshì rúyì	everything goes well	모든 일이 뜻과 같이 되다	万事思い通りになるように

课 文

（发信人：wangxin@163.com　收信人：linxiang@hotmail.com）

林翔：

　　你好！

第二十九课　不努力工作可不行啊

　　上次你给我发的 e-mail 我早就收到了，直到现在才给你回信。真对不起。但最近实在是太忙了，每天拼命工作。现在国内旅游市场竞争很激烈，不努力工作可不行啊。再说，为了自己热爱的工作，我愿意付出所有的时间和精力。

　　今天傍晚，我刚从杭州回来。中午我带的团在宾馆退房的时候，出了一点儿问题。宾馆让一位游客另外付二十块钱，因为他的房间里少了一条毛巾。那位游客当时很生气，说自己根本没拿过宾馆里的任何东西。我一边劝那位游客，一边要求宾馆再查一遍。可还是没有找到。后来，我提醒服务员看看别的房间有没有多的。果然，那个游客隔壁的房间里多了一条毛巾。原来，前一天晚上，他洗完头，拿着毛巾去旁边的房间聊天，走的时候忘了拿回来。问题解决了，那位游客很高兴，向我表示了感谢。

　　虽然做导游很累，但每当我为游客解决好问题的时候，我就感到非常满足。这大概就是我喜欢这个工作的原因吧。现在，我越来越有经验，也越来越有信心了。

　　说了那么多我的情况，你怎么样？最近一切都还顺利吧？一个人在国外留学，一定要照顾好自己啊。

　　祝
身体健康，万事如意！

王欣
11月20日

句子

1. 现在国内旅游市场竞争很激烈，不努力工作可不行啊。再说，为了自己热爱的工作，我愿意付出所有的时间和精力。
2. 我提醒服务员看看别的房间有没有多的。果然，那个游客隔壁的房间里多了一条毛巾。
3. 虽然做导游很累，但每当我为游客解决好问题的时候，我就感到非常满足。

练习

一、替换，并造句 Substitute and make sentences with the given words or forms

1.

他每天都		工作。
她考试之前	拼命	复习。
他们为了买房子		挣钱。

……拼命……

2.

这儿人太多，我们		找	地方吧。
笔坏了，我得	另外	买	几支。
这个菜不太好吃，我们		点	一个吧。

……另外……

第二十九课　不努力工作可不行啊

3.

那位客人		换一个房间。
公司	要求	员工每天按时到公司。
孩子们		爸爸带他们去公园玩儿。

……要求……

4.

朋友		我	带上钱和护照。
爸爸打电话	提醒	我	后天是妈妈的生日。
导游		大家	注意安全。

……提醒……

二、用"再说……"完成下面的句子　Complete the sentences with "再说……"

1. 今天时间已经不早了，_____，我们还是明天再去吧。
2. 黄金周旅游的人太多了，_____，所以这个黄金周我打算在家休息。
3. 我觉得还是住在学校的宿舍好，上课比较方便，_____。
4. 妈妈不让他一边学习一边打工，怕影响他的学习，_____。
5. 这几天我比较忙，不想去参加明天的晚会了，_____。

三、读词组，选词组填空　Read the phrases, and choose the right one to fill in the blanks

（一）少了两个人　少了一双筷子　少几把椅子

1. 人太多，_____，你去旁边的教室借几把来。

2. 小姐，我们这儿_____，请再给我们一双。

3. 集合的时候，导游发现_____，很着急。

（二）根本不了解　　根本没听见　　根本不便宜
　　　根本用不着　　根本看不清　　根本没时间

1. 你_____他，怎么能说他不是好人呢？

2. 我说话的时候他在用手机发短信，_____我说的话。

3. 你只去三天，_____带这么多衣服。

4. 听说那家商场在打折，可是我去看了才发现，东西_____。

5. 我上次去北京时间太短了，_____好好儿游览一下北京。

6. 我坐在最后面，_____他们的表演。

四、用"每当……的时候，……就……"改写下面的句子　Rewrite the sentences with "每当……的时候，……就……"

例：我为游客解决好问题的时候，我感到非常满足。
　　→每当我为游客解决好问题的时候，我就感到非常满足。

1. 我想家的时候，我给家里打电话。
　　→_____

2. 他心情不好的时候，他听音乐。
　　→_____

3. 我看以前的照片的时候，想起以前的朋友。
　　→_____

4. 我遇到困难的时候，朋友们会热心地帮助我。
　　→_____

5. 我难过的时候，妈妈安慰我。
　　→_____

第二十九课　不努力工作可不行啊

五、填写适当的汉字　Fill in the blanks with the proper characters

1. 他刚刚工作，没有经＿＿＿＿＿＿，还需要学习。
2. 他点了一个服务员推荐的菜，果＿＿＿＿＿＿很好吃。
3. 明天要交作业，你明天早上提＿＿＿＿＿＿我一下。
4. 现在竞争这么激＿＿＿＿＿＿，我们怎么能不努力工作呢？
5. 他就住在我隔＿＿＿＿＿＿。

六、读短文，选词语填空　Read the passage, and choose the right words to fill in the blanks

> 精力　拼命　经验　顺利　信心　任何　提醒

　　王欣刚刚开始工作的时候，因为没有＿＿＿＿＿＿，遇到了很多问题。不过，她还是非常努力。她＿＿＿＿＿＿学习，付出了全部的时间和＿＿＿＿＿＿。公司里，年纪大一点的同事对她也很好，常常＿＿＿＿＿＿和帮助她。现在，王欣已经能一个人＿＿＿＿＿＿地工作了，对自己也越来越有＿＿＿＿＿＿。她想告诉跟她一样的年轻人，只要努力，＿＿＿＿＿＿问题都能解决。

七、作文　Write a composition

　　给＿＿＿＿＿＿的一封信

第三十课

这里的美景让哈利永远难忘

生 词

1. 曾	(副)	céng	once	이미, 이전에	かつて
2. 不断	(副)	búduàn	continuously	계속	絶え間なく
3. 出现	(动)	chūxiàn	to appear	나타나다	現れる
4. 脑子	(名)	nǎozi	mind, head	머리	脳頭
5. 急忙	(副)	jímáng	hurriedly, hastily	급히	あわただしく、急いで
6. 整理	(动)	zhěnglǐ	to put in order, sort out	정리하다	整理する
7. 到达	(动)	dàodá	to arrive	도착하다	到達する
8. 氧气	(名)	yǎngqì	oxygen	산소	酸素
9. 平原	(名)	píngyuán	plain, flatlands	평원	平原
10. 特殊	(形)	tèshū	special	특별하다	特殊な
11. 设备	(名)	shèbèi	equipment	설비	備え付ける
12. 补充	(动)	bǔchōng	to supplement, add	보충하다	補充する

第三十课 这里的美景让哈利永远难忘

13. 减轻	（动）	jiǎnqīng	to alleviate, ease	줄이다, 감소하다	軽減する
14. 难受	（形）	nánshòu	feel ill	괴롭다	つらい
15. 避免	（动）	bìmiǎn	to avoid	피하다, 면하다	避ける
16. 垃圾	（名）	lājī	rubbish	쓰레기	ゴミ
17. 污染	（动）	wūrǎn	to pollute	오염시키다	汚染
18. 装	（动）	zhuāng	to install, equip	담다, 설치하다	身なり
19. 专心	（形）	zhuānxīn	be wholly absorbed	몰두하다, 열중하다	一心不乱にやる
20. 草地	（名）	cǎodì	grassland	초지, 초원	芝生
21. 牛	（名）	niú	cattle	소	牛
22. 羊	（名）	yáng	sheep	양	羊
23. 语言	（名）	yǔyán	language	언어	言語
24. 形容	（动）	xíngróng	to describe	형용하다	形容する
25. 危险	（形）	wēixiǎn	dangerous	위험하다	危険

青藏高原		Qīngzàng Gāoyuán	the Qinghai-Xizang Plateau	청장고원	青藏高原

课 文

　　明天就要去西藏了！哈利躺在床上，那些曾在电视里、书上看到过的西藏美景，不断地出现在他脑子里，让他兴奋得几乎一晚上没睡着。第二天清早，闹钟一响，哈利就急忙起了床，整理好东西，打车去了机场。

飞机到达西宁以后，哈利换乘火车去拉萨。这列火车和哈利以前坐过的火车有点儿不一样。由于高原上氧气比平原地区少，青藏高原的火车每个车厢都有特殊的设备，给车厢补充氧气，减轻乘客的高原反应。所以坐在火车里很舒服，不会觉得难受。另外，为了避免火车上的垃圾污染环境，车上还装了特殊的处理垃圾的设备。

哈利专心地欣赏着窗外的风景：蓝天、白云、草地、牛、羊，还有远处的雪山……这一切都太美了！哈利觉得很难用语言形容这样的美景。过了一会儿，哈利发现一件奇怪的事：火车常常在桥上走，可是有时候桥下并没有水，而是草地。既然没有河，为什么要建桥呢？列车员告诉他，因为动物经常会来到这些地方，如果火车在地上开，而动物又跑到了铁路上，就太危险了。建这样的桥，是为了保护动物。

青藏铁路——世界上海拔最高的铁路。在这里看到的美景，让哈利永远难忘。

句 子

1. 哈利躺在床上，那些曾在电视里、书上看到过的西藏美景，不断地出现在他脑子里，让他兴奋得几乎一晚上没睡着。
2. 为了避免火车上的垃圾污染环境，车上还装了特殊的处理垃圾的设备。
3. 哈利觉得很难用语言形容这样的美景。
4. 建这样的桥，是为了保护动物。

第三十课　这里的美景让哈利永远难忘

练　习

一、填写适当的汉字　Fill in the blanks with the proper characters

1. 早上，妈妈不_____地催我快点起床。

2. 我每天都要整_____我的房间。

3. 对每个人来说，生日都是特_____的一天。

4. 青藏高原的火车上有处理垃圾的设_____。

5. 坐很长时间的飞机，人会觉得很难_____。

6. 为了_____免遇到堵车，他每天很早坐车去上班。

7. 现在，人们都很重视环境污_____的问题。

8. 快叫那个小孩别爬树，太危_____了。

二、用"虽然"、"既然"和"果然"填空　Fill in the blanks with "虽然", "既然" and "果然"

1. 尝过以后我才知道，著名的北京烤鸭_____好吃极了。

2. _____你不愿意，就别去了。

3. 他说他一定会努力，_____，这次考试他考得不错。

4. _____她已经原谅了我，我还是觉得非常不好意思。

5. _____他提醒了我好几次，我还是忘了。

6. _____你早就知道这件事，为什么不告诉我呢？

三、用"急忙+动词"完成下面的句子　Complete the sentences with "急忙+V"

1. 发现钱包丢了，她_____。

2. 听说朋友病了，我_____。

3. 上课的时间快到了，他吃了两口面包，就_____。

4. 接到老板的电话，他_____。

5. 下雨了，我_____。

四、用"……让……"改写下面的句子 Rewrite the sentences with "……让……"

例：这里的美景　哈利永远难忘。
　　→这里的美景让哈利永远难忘。

1. 这件事　我很难过
　→_____

2. 和朋友聊天　我的心情慢慢好了起来
　→_____

3. 他的成功　所有的人都感到很吃惊
　→_____

4. 这里的天气　我觉得很不舒服
　→_____

5. 他的病　朋友们都很担心
　→_____

五、读词组，选词组填空 Read the phrases, and choose the right one to fill in the blanks

| 很难找到 | 很难说清楚 | 很难完全看懂 |
| 很难改变 | 很难洗干净 | 很难马上学好 |

1. 外国人_____中国的京剧。

第三十课　这里的美景让哈利永远难忘

2. 一个人的习惯_____。

3. 如果不事先定好宾馆，而是临时去找，_____满意的。

4. 电话里_____，我们还是见面以后慢慢谈吧。

5. 如果白衣服弄脏了，就_____。

6. 学书法要每天练习，_____。

六、仿照例句造句　Make sentences after the model

……，是为了……

例：建这样的桥　保护动物

→建这样的桥，是为了保护动物。

1. 他不告诉父母　不让父母担心

    →_____

2. 她骑自行车上班　锻炼身体

    →_____

3. 爸爸拼命工作　让家里人生活得更好

    →_____

4. 他来中国　了解中国社会情况

    →_____

5. 我们开这个晚会　给他庆祝生日

    →_____

第三十一课

怎么没有我的行李

生 词

1. 整整	（副）	zhěngzhěng	exactly, fully	꼬박	まるまる
2. 醒	（动）	xǐng	to wake up	깨다	目覚める
3. 天空	（名）	tiānkōng	sky	하늘	空
4. 彩色	（名）	cǎisè	colorful	칼라	さまざまな色
5. 平静	（形）	píngjìng	calm	조용하다	静かである
6. 夜晚	（名）	yèwǎn	night	밤	夜
7. 好久	（形）	hǎojiǔ	a long time	오랜 시간	長い間
8. 快乐	（形）	kuàilè	happy	행복하다	愉快である
9. 旅客	（名）	lǚkè	traveller, passenger	여객	旅客
10. 陆续	（副）	lùxù	one after another	끊임없이	続々と
11. 剩	（动）	shèng	be left (of), remain	남다	余る、残る
12. 人员	（名）	rényuán	personnel	인원	人員
13. 稍	（副）	shāo	a little, slightly	조금	少し
14. 重复	（动）	chóngfù	to repeat	반복하다	重複する

第三十一课　怎么没有我的行李

15. 掏	（动）	tāo	draw out, pull out	꺼내다	手を入れて取り出す
16. 航班	（名）	hángbān	scheduled flight, flight number	항공편	フライトナンバー
17. 孤单	（形）	gūdān	lonely	고독하다	独りぼっち
18. 输送带	（名）	shūsòngdài	convey belt	컨베이어	ベルトコンベア

课　文

　　在西藏玩儿了整整十五天，实在太累了。在飞机上，哈利除了睡觉什么都没有干。醒过来的时候，已经到上海了。从天空中看下去，各种颜色的灯光照亮了整个上海，漂亮极了。有了这些彩色的灯光，平静的夜晚也好像变得热闹起来了。看到上海，就好像见到了好久不见的朋友一样，哈利觉得很快乐。

　　取行李的地方人很多。哈利等了半天也没等到自己的行李。别的旅客都拿着行李陆续地离开了，就剩哈利一个人。

　　一个工作人员走过来问他："先生，您有什么问题吗？"

　　哈利说："先生，怎么没有我的行李？我已经等了很长时间了。"

　　工作人员请他稍等一下。过了一会儿，他告诉哈利行李已经全部到了。哈利说："我肯定托运了，怎么会没有呢？里面还有很多重要的东西呢！是从西藏带回来，要送给朋友的！"

　　"西藏？"工作人员重复了一遍，微笑着说："先生，这是从广州到上海的飞机,您大概搞错了吧。请把您的机票给我看一下,好吗?"

哈利从包里把机票掏出来递给他。他看了以后说:"您的航班在10号取行李。这是8号。"

哈利一看,果然是这样,他连忙谢过工作人员,赶快去了10号取行李处。他远远地就看见自己的行李孤单地在行李输送带上躺着……

句 子

1. 看到上海,就好像见到了好久不见的朋友一样。
2. 哈利等了半天也没等到自己的行李。
3. 自己的行李孤单地在行李输送带上躺着……

练 习

一、替换,并造句　Substitute and make sentences with the given words or forms

1.

哈利	玩儿		十五天。	
张教授	看	了　整整	六个小时	书。
各国领导	开		三天	会。

整整……

第三十一课　怎么没有我的行李

2.

哈利		睡觉		没	干。
小王	除了	打球	什么都	不	喜欢。
我的朋友		可乐		不	爱喝。

除了……什么都没/不……

3.

哈利	等了		等到	自己的行李。
奶奶	找了	半天也没	找着	她的眼镜。
我	听了		听懂	录音的内容。

……（了）半天也没……

4.

平静的夜晚也变得	热闹	
夏天快到了，天气	热	起来了。
快考试了，大家都	忙	

……起来

二、填写适当的汉字　Fill in the blanks with the proper characters

1. 电影结束了，观众们陆_____走出电影院。

2. 今天的天气很糟糕，所以我坐的航_____迟到了。

3. 老奶奶耳朵不好，听不清楚，所以我又重_____了一遍。

4. 一个人在国外生活，有时候觉得很孤_____。

5. 有一只鸟在天_____中飞。

6. 农村的夜_____总是很平_____，不像城市里那么热闹。

三、用"出来"、"过来"、"回来"和"起来"填空　Fill in the blanks with "出来", "过来", "回来", and "起来"

1. 这儿很漂亮，咱们把照相机拿_____照几张吧。
2. 他从马路对面走_____，跟我说话。
3. 昨天晚上他睡得很晚，今天早上醒_____的时候已经十一点了。
4. 这双鞋是爸爸从香港带_____的。
5. 我跟他已经好久不见面了，所以看见他的时候，没有认_____。
6. 这个汉字怎么写？我想不_____了。
7. 早晨六点半，天空慢慢亮_____了。
8. 借给她的词典，她还_____了没有？

四、连词成句　Arrange the given words into the sentences

1. 没　咱们　把　出来　从　家里　带　照相机
2. 这件事情　告诉　不愿意　把　我　他们
3. 做完　要　两个人　我们　把　工作　都　这么多
4. 谁　钱包　这儿　不知道　在　把　忘　了
5. 总　成　"未"　"末"　我　把　写
6. 掉　把　他　的　卖　了　车　上个月　自己
7. 小男孩　眼睛　得　那个　把　大大的　睁
8. 给　已经　我　交　了　作业　把　老师

五、用指定的词语完成对话　Complete the dialogue with the given words

1. A：听说你很讨厌吃蔬菜？
　　B：_____（怎么会……呢？）

2. A：小王借给你的那本书，给我看看好吗？

   B：＿＿＿＿＿＿＿＿＿＿＿＿＿＿＿＿＿（把，还）

3. A：这个暑假你是怎么过的？

   B：＿＿＿＿＿＿＿＿＿＿＿＿＿＿＿＿＿（除了……什么都没……）

4. A：你有没有看见我的手机？

   B：＿＿＿＿＿＿＿＿＿＿＿＿（在……V着）

5. A：听说你这次又去杭州旅游了？感觉怎么样？

   B：＿＿＿＿＿＿＿＿＿＿＿＿＿＿＿＿＿（好像……一样）

6. A：下周六晚上高中同学见面，你一定要来啊！

   B：＿＿＿＿＿＿＿＿＿＿＿＿＿＿＿＿＿（实在）

六、仿照例句完成句子　Complete the sentences after the model

远远地

例：他远远地就看见自己的行李孤单地在行李输送带上躺着……

1. 蓝天宾馆？那是这儿附近最高的建筑，＿＿＿＿＿＿＿＿＿＿＿＿＿。

2. 秋天到了，校园里的桂花开了，＿＿＿＿＿＿＿＿＿＿＿＿＿。

3. 他特别喜欢洗衣服的时候大声唱歌，＿＿＿＿＿＿＿＿＿＿＿＿＿。

4. ＿＿＿＿＿＿＿＿＿＿＿＿＿，走到我面前才看清楚是我的同学。

七、改错句　Correct the sentences

1. 他是个画家，除了画画，他什么也没喜欢。

2. 整整他来了上海两年了。

3. 她的衣服挂着在柜子里。

4. 把这本书看以后，就我出去买东西。

5. 妈妈病了，快回来中国吧。

6. 我只去过一遍长城,还想再去。

7. 好久不见,她变化更漂亮了。

八、作文　Write a composition

这里的美景让我永远难忘

第三十二课 真是倒霉透了

生词

1. 倒霉	（形）	dǎo méi	have bad luck	재수가 없다	運が悪い
2. 透	（形）	tòu	fully, thoroughly	스며들다	浸透する
3. 没收	（动）	mòshōu	confiscate, expropriate	몰수하다	没収する
4. 运气	（名）	yùnqi	fortune, luck	운세	運命、運勢
5. 意思	（名）	yìsi	meaning	의미	意味
6. 绝对	（副）	juéduì	absolutely	절대적이다	絶対に
7. 头脑	（名）	tóunǎo	brain, mind	두뇌	頭脳
8. 气温	（名）	qìwēn	air temperature	기온	気温
9. 度	（量）	dù	centigrade	도	気温や角度を数える単位
10. 路上	（名）	lùshang	on the way	길	路上
11. 公路	（名）	gōnglù	high way	도로	公共の道路
12. 闷热	（形）	mēnrè	hot and stuffy	무덥다	蒸し暑い

13. 汗	(名)	hàn	sweat	땀	汗
14. 变成	(动)	biànchéng	to become	변하다…	に変わる、なる
15. 布置	(动)	bùzhì	to fix up, arrange	장식하다	手配する
16. 临	(动)	lín	near	…와 근접해 있다	向かい合う
17. 买卖	(名)	mǎimai	buying and selling, trade	장사	売り買い
18. 没用		méi yòng	not useful	소용없다	役に立たない
19. 无所谓	(动)	wúsuǒwèi	don't mind	상관없다	どうでもいい

课文

上课的时候，唐老师教"倒霉"这个词。他就问大家什么时候觉得最倒霉，哈利一下子说了很多：下车的时候把东西忘在火车上了，安全检查的时候小刀被没收了，等等。丽莎笑哈利："你这哪是倒霉呀！倒霉是运气不好的意思，可你这绝对不是运气不好，而是没头脑。"唐老师问丽莎："那么，你觉得什么时候最倒霉呢？"

丽莎告诉大家，有一次她去南方旅游，那儿的气温很高，几乎每天都是三十五六度。一天中午在路上，汽车的空调突然坏了。窗户不能打开，公路两边又没什么休息的地方，大家只能在闷热的车厢里一直坐到宾馆。到了宾馆，每个人都热得出了一身汗。如果再不到宾馆，大家都快变成烤鸭了！真倒霉，不是吗？

第三十二课　真是倒霉透了

　　芳子说，她旅游的时候也遇到过倒霉事。有一次找了一家宾馆，当时觉得房间布置得不错，价格也比较合理，所以想都没想就住下了。谁知道那家宾馆的房间是临街的，晚上到半夜还有做买卖的声音，早上不到五点就有人开始卖菜，关了窗也没用。她被吵得整个晚上都没睡好，第二天旅游的时候一点儿精神也没有，只想睡觉，真是倒霉透了。所以，从此以后她住宾馆一定要找环境好点儿的，价格贵点儿也无所谓。

句　子

1. 你这哪是倒霉呀！
2. 如果再不到宾馆，大家都快变成烤鸭了！
3. 想都没想就住下了。
4. 真是倒霉透了。

练　习

一、替换，并造句　Substitute and make sentences with the given words or forms

1.

真是		倒霉	
今天的天气		糟糕	透了。
那个家伙		坏	

……透了

2.

哈利　　　　　　　　说了很多倒霉的事。
哥哥饿了，　　　　一下子　　吃了三个馒头。
这儿的衣服很便宜，我朋友　　　买了好几件。

一下子……

3.

每个人都　　　热　　　　　出了一身汗。
她被　　　　吵　　　得　　整个晚上都没睡好。
听到这个消息，他　高兴　　从沙发上跳起来。

……得……

4.

　　　　　不到宾馆，　　　　大家都快变成烤鸭了。
如果再　　找不到那支铅笔，　我就去买支新的。
　　　　　不回家，　　　　　爸爸妈妈要生气了。

如果再……，……

二、填写适当的词语　Fill in the blanks with the proper words

倒霉　运气　绝对　闷热　健康　布置　买卖

1. 晚上睡得晚，早上起得晚，这样的习惯不_____。

2. 最近_____不好，天天遇到_____的事情。

3. 你看过那个电影吗？_____精彩！

第三十二课　真是倒霉透了

4. 这家商店的_____很红火。

5. 在_____的夏天，最好能天天去海边吹风。

6. 新年快到了，商店里_____得特别漂亮。

三、连词成句　Arrange the given words into the sentences

例：被　了　的　哈利　小刀　没收 → 哈利的小刀被没收了。

1. 被　了　都　蛋糕　大家　吃完

   →_____

2. 被　钥匙　我　在　房间里　了　忘

   →_____

3. 被　不小心　我的手　了　小刀　割伤

   →_____

4. 被　没　妈妈　这件事情　发现

   →_____

5. 被　得　了　风　树叶　吹　掉下来

   →_____

四、用指定的词语完成对话　Complete the dialogue with the given words

1. A：听说他打篮球打得很好。

   B：_____。（几乎）

2. A：你不是说这个周末去旅游吗？怎么没有去？

   B：_____。（没想到）

3. A：我觉得坐火车去太累了。

   B：_____。（无所谓）

4. A：你是一个人来中国的吗？

   B：＿＿＿＿＿＿＿＿＿＿＿＿＿＿。（不是……而是……）

5. A：我们家旁边开了一家很大的超市。

   B：是呀，＿＿＿＿＿＿＿＿＿＿＿＿＿。（从此以后）

6. A：哎呀，你怎么感冒了！

   B：昨天下雨没带伞，＿＿＿＿＿＿＿＿＿＿＿＿。（透了）

五、改错句　Correct the sentences

1. 桌上的蛋糕就被我们一下子吃完了。

2. 我说了两遍，才被他懂了。

3. 我们明天决定去外滩玩儿。

4. 我们把门票自己买。

5. 我觉得自己唱很差。

6. 你穿这件衣服，看上去很合理。

7. 那儿的风景漂亮透了。

8. 这家不宾馆的价格一点儿贵。

六、读短文，填空　Read the passage, and fill in the blanks with the proper words

有时候我喜欢各种传统节日。因为节日会有很多吃＿＿＿＿＿＿、玩＿＿＿＿＿＿，＿＿＿＿＿＿有很多朋友在一起唱歌、跳舞、聊天。可有时候我不太喜欢节日。有一次，我病＿＿＿＿＿＿，想躺＿＿＿＿＿＿床上好好儿休息。可是楼里和外边儿到处＿＿＿＿＿＿有说话、唱歌的声音，关了门窗＿＿＿＿＿＿没用。吵＿＿＿＿＿＿我一个晚上没有休息好。真是倒霉＿＿＿＿＿＿了。从此以后，我在节日的时候就比较注意了，让自己的声音小＿＿＿＿＿＿，不影响别人。

第三十三课　考试结束了，大家都松了一口气

生词

1. 松	（动）	sōng	loosen, relax	(숨을) 돌리다	(力、息などを)抜く
2. 期中	（名）	qīzhōng	midterm	학기중간	(学期、任期の)中間
3. 集体	（名）	jítǐ	collective	단체	集団
4. 平常	（形）	píngcháng	ordinary	평소	普通である
5. 卡拉OK		kǎlā-OK	Karaoke	카라오케	カラオケ
6. 距离	（名）	jùlí	distance	거리	距離
7. 录	（动）	lù	to record	녹음하다	記録する
8. 磁带	（名）	cídài	tape	테이프	テープ
9. 毫不	（副）	háobù	not at all	조금도…없다	少しも…ない
10. 毫不犹豫		háobù yóuyù	without the slightest hesitation	망설이지 않다	少しも躊躇しない

11. 确定	（动）	quèdìng	to fix, determine	확인하다	確定する
12. 通知	（动）	tōngzhī	to notify, inform	통보하다	通知する
13. 积极	（形）	jījí	active, energetic	적극적이다	積極的である
14. 预订	（动）	yùdìng	to book	예약하다	予約する
15. 记录	（名）	jìlù	minutes, notes	기록	記録
16. 不管…都…		bùguǎn…dōu…	no matter (what, how, etc)	…을막론하고…모두	…であろうと
17. 热烈	（形）	rèliè	warm, enthusiastic	열렬하다	熱烈である
18. 模仿	（动）	mófǎng	to imitate, copy, mimic	모방하다, 본받다	模倣する
19. 民族	（名）	mínzú	nation	민족	民族
20. 歌曲	（名）	gēqǔ	song	노래, 가요	曲
21. 落后	（动）	luòhòu	to fall behind	뒤떨어지다	遅れる

课文

　　期中考试全部结束了，大家都松了一口气。同学们想庆祝一下，搞一个集体活动。怎么庆祝呢？一起吃饭？太平常了。金大永说："我们一起去唱卡拉OK怎么样？我知道一家店，距离不远，声音的效果也很好，还可以录磁带呢。"大家都觉得这是个好主意，还邀请唐老师一起参加。唐老师毫不犹豫地答应了。

　　班长征求大家的意见以后，确定了时间，然后通知大家。金大永最爱唱歌，所以他特别积极，主动打电话去预订："您好，我想预订一个房间。星期六下午两点，十五个人。"服务员查了预订记录以后，说："真抱歉！十五个人的房间没有了。二十个

第三十三课 考试结束了,大家都松了一口气

人的可以吗?"金大永问:"二十个人的贵吗?"服务员说:"只比十五个人的一个小时贵二十块钱。"金大永说:"好,那就要二十个人的吧。"预定了房间以后,大家说好,不管星期六天气怎么样,每个人都一定要去参加这个活动。

星期六唱歌的时候,气氛特别热烈。每个人都唱了好多歌。金大永模仿一个歌星唱歌,模仿得可像了。大家都夸他唱得比那个歌星还好。唐老师唱了几首中国民族歌曲,很有特色也很好听。别看芳子平时不太说话,唱歌的时候可一点儿也不落后,唱了很多优美的歌曲。

句 子

1. (那家店)距离不远,声音的效果也很好,还可以录磁带呢。
2. 不管星期六天气怎么样,每个人都一定要去参加这个活动。
3. 别看芳子平时不太说话,唱歌的时候可一点儿也不落后。

练 习

一、替换,并造句 Substitute and make sentences with the given words or forms

1.

二十个人的	只	十五个人的	贵	二十块钱。
我们那儿的天气	比	上海	暖和	得多。
节日里的商场		平时	热闹	多了。

……比……+形容词+数量

225

2.

他唱得		那个歌星	好听	
哈利游泳游得	比	安娜	快	多了。
妈妈每天起得		大家	都早	

……V 得比……+形容词(+数量)

3.

	星期六天气怎么样，	每个人	会去参加这个活动。
不管	明天有多忙，	我 都	要去看比赛。
	我们怎么说，	他	不同意。

不管……都……

4.

	芳子平时不太说话，	唱歌的时候可一点儿也不落后。
别看	他个子不高，	跑得非常快。
	她年龄不大，	已经写了三本书了。

别看……，……

二、填写适当的汉字 Fill in the blanks with the proper characters

1. 他喜欢热闹，所以很喜欢参加集_____活动。
2. 我妹妹常常_____仿影星的穿着。
3. 上海到苏州的_____离很近，去那儿玩很方便。
4. 你现在还用磁_____听音乐？
5. 他很犹_____，不知道怎么选择。
6. 他们在会上讨论得很热_____。

第三十三课　考试结束了，大家都松了一口气

三、用"以后"、"后来"和"然后"填空　Fill in the blanks with "以后", "后来", and "然后"

1. 他们去北京玩了一个星期，_____又去了天津。
2. 明天我想先去图书馆，_____再回家吃午饭。
3. 老师，_____我一定不会再迟到了。
4. 那时我已经回国了，所以_____的事情我也不知道。
5. 他们非常相爱，_____结婚了。
6. 离开大学_____，我经常想念大学里的好朋友。

四、填写适当的动词　Fill in the blanks with the proper verb

1. 比赛胜利了，大家都_____了一口气。
2. 妈妈，请帮我把这个电视节目_____下来，我回家以后看。
3. 骑了两个小时自行车，我们每个人都_____了一身汗。
4. 第一次吃小笼包的时候，他们都_____了洋相。
5. 你是我的老顾客了，这件衣服给你_____七折吧！
6. 兰兰，爸爸最近太忙，实在_____不出时间陪你去玩儿，真对不起！

五、用"不管……都……"改写下面的句子　Rewrite the sentences with "不管……都……"

不管……都……

例：有多困难。你给我打电话。→ 不管有多困难，我都要学好汉语。

1. 有多忙。要坚持锻炼身体。

    →_____

2. 有多着急。必须排队。

    →_____

3. 远不远。我一定要去看他。

    → _____

4. 他知道不知道。我应该再提醒他一次。

    → _____

5. 别人怎么说。他不愿意离开家乡。

    → _____

6. 我怎么解释。她不相信我。

    → _____

六、读词组，选词组填空 Read the phrases, and choose the right one to fill in the blanks

> 准备好　　说好　　订好　　商量好

1. 寒假去南京还是去北京，你们_____了吗？

2. 出差要带的资料_____了没有？

3. 今年的工作计划要赶紧_____，不然来不及了。

4. 我们_____不让他知道这个坏消息。

七、用指定的词语完成句子 Complete the dialogue with the given words

1. A：过几天是我妈妈的生日，我想给她买个生日蛋糕。

    B：_____（平常）

2. A：我发现你经常去那家店吃饭。

    B：_____（……，也……，还……）

3. A：上次跟你说话的那个人，你了解他吗？

    B：_____（毫不）

4. A：听说小王很愿意帮助别人，所以大家都喜欢他。

   B：_____（主动）

5. A：新年快到了，12月31日晚上你们打算做什么？

   B：_____（说好）

6. A：昨天的那个电影怎么样？

   B：_____（可……了）

八、作文　Write a composition

我遇上的倒霉事

第三十四课

生 词

1. 顾不上		gù bu shàng	has no time to do	돌볼 틈이 없다	構っていられない
2. 典礼	（名）	diǎnlǐ	ceremony, celebration	의식	式典、儀式、式
3. 奖学金	（名）	jiǎngxuéjīn	scholarship	장학금	奨学金
4. 所有	（形）	suǒyǒu	all	모두	全ての
5. 发言	（动）	fā yán	to speak	발언하다	発言する
6. 鼓励	（动）	gǔlì	to encourage	격려하다	励ます、激励する
7. 取得	（动）	qǔdé	to get, gain, obtain	취득하다	取得する
8. 以来	（名）	yǐlái	since	…이래, 동안	…以来
9. 羡慕	（动）	xiànmù	to admire, envy	부러워하다	羨ましがる
10. 刻苦	（形）	kèkǔ	ssiduous, hard working	몹시 애쓰다	苦労する

第三十四课　她忙着照相，顾不上说话

11. 好	（动）	hǎo	used to introduce a purpose	좋다	…のためになる
12. 哎	（叹）	āi	showing surprise or discontent	아이고	意外や不満を表す時の感嘆詞
13. 说明	（动）	shuōmíng	to explain, illustrate	설명하다	説明する
14. 按键	（名）	ànjiàn	push button	버튼	キーを押す
15. 银	（名）	yín	silver	은	銀
16. 牌	（名）	pái	brand	브랜드	商標
17. 型	（名）	xíng	type, pattern, model	형	型タイプ
18. 会场	（名）	huìchǎng	meeting place	회의장	会場
19. 染	（动）	rǎn	to catch (a disease)	물들다	染める
20. 毛病	（名）	máobìng	illness, fault	결점, 나쁜 버릇	欠点、悪心癖

课　文

今天是毕业典礼，黄佳佳拿到了奖学金，她还代表所有得奖学金的同学发言，鼓励大家好好儿学习，祝大家下个学期都能取得好成绩。她今天特别高兴，邀请唐老师一起照相，还感谢他一个学期以来对自己的关心和帮助。

哈利很羡慕她，说下学期也要刻苦学习，拿奖学金，好给

自己买个新手机。丽莎呢,忙着给大家照相,顾不上说话。

毕业典礼结束以后,大家到黄佳佳的宿舍聊天。有些同学马上要回国了,请丽莎照相,留个纪念。丽莎说:"没问题!——哎,我的照相机呢?刚才还给大家照相呢。"黄佳佳说:"你先别着急。除了开会的地方和宿舍,你哪儿也没去,肯定还在学院。咱们去找找吧!"

她们马上回学院,唐老师听她们说明情况以后,问她们照相机是什么样的。

丽莎告诉唐老师,照相机是黑色的,按键是银色的,海光牌,8085型。唐老师听完,从柜子里拿出一个照相机,问:"看看,这是你的吗?"丽莎看了看,连声说:"是,是。"唐老师说:"你怎么把照相机放在毕业典礼的会场呢?我等你们半天了,你终于想起来了。……对了,以前每次来找东西的都是哈利,这次怎么是你?"

黄佳佳说:"老师,丽莎每天跟哈利在一起,所以也染上了这种毛病。"

句 子

1. 她感谢唐老师一个学期以来对自己的关心和帮助。
2. 丽莎忙着给大家照相,顾不上说话。
3. 哈利要拿奖学金,好给自己买一个新手机。
4. 除了开会的地方和宿舍,你哪儿也没去。

第三十四课　她忙着照相，顾不上说话

练 习

一、替换，并造句 Substitute and make sentences with the given words or forms

1.

丽莎忙着给大家照相，		说话。
工作太忙了，	顾不上	给家人打电话。
这本书太精彩了，我看得		吃饭。

顾不上……

2.

丽莎		大家	好好儿学习。
爸爸	鼓励	我	报名参加比赛。
老师		我们	多跟中国人聊天。

鼓励…………

3.

一个学期		唐老师一直关心和帮助学生们。
三年	以来，	我努力学习，终于取得了好成绩。
两个星期		他坚持天天跑步。

……以来，……

4.

哈利要拿奖学金，　　　　　　　给自己买一个新手机。
我想买个手机，　　　　好　　跟朋友联系。
你不回家应该给家里打个电话，　　　让家人放心。

……，好……

5.

　　　　毕业典礼和宿舍，　　　　　　　没去。
除了　自己的家，　　　　哪儿也　　不习惯。
　　　　苏州，　　　　　　　　　　　没去过。

除了……，哪儿也没/不……

二、填写适当的词语 Fill in the blanks with the proper words

| 典礼　　发言　　羡慕　　说明　　会场　　染 |

1. 刘先生的_____非常精彩。

2. 工作以后，他_____上了抽烟的不良习惯。

3. 昨天大家讨论得很积极，_____的气氛很热烈。

4. 请你_____一下迟到的原因。

5. 前天我参加了一个朋友的结婚_____，可热闹了。

6. 他会说很多种语言，我们都很_____他。

第三十四课　她忙着照相，顾不上说话

三、用"除了……，疑问词＋都／也……"改写下面的句子　Rewrite the sentences with "除了……，疑问词+都/也……"

例：她只去了毕业典礼和宿舍。
　　→除了毕业典礼和宿舍，她哪儿都没去。

1. 他只喜欢喝可乐。
　　→ _____

2. 只有她知道怎么去大使馆。
　　→ _____

3. 每天下班以后只想回家。
　　→ _____

4. 就明天晚上没有空，别的时间都可以。
　　→ _____

5. 我只会说汉语。
　　→ _____

6. 去的时候，我不喜欢坐船，别的方法都可以。
　　→ _____

四、用"好"完成下面的句子　Complete the sentences with "好"

例：哈利下学期也要拿奖学金，<u>好买一个新手机</u>。

1. 老师把汉字写得很大，_____。

2. 你坐哪个航班来上海？早点儿打电话通知我，_____。

3. 我帮妈妈做一点儿家务，_____。

五、用在哪儿 Where can we use it

1. 怎么：你把照相机放在毕业典礼的会场。

2. 马上：他们就要毕业了。

3. 给：我没打电话妈妈。

4. 它：我找了三天，还是没找到。

5. 先：我一个人回家了。

6. 从冰箱里：他拿出一瓶啤酒。

7. 一起：他邀请咱们去他家玩儿。

六、用指定的词语完成句子 Complete the dialogue with the given words

1. A：今天小兰怎么没来参加聚会？
   B：＿＿＿＿＿＿＿＿＿＿＿＿＿＿（忙着……）

2. A：＿＿＿＿＿＿＿＿＿＿＿＿＿＿（以来）
   B：他可真是你的好朋友。

3. A：你去劝他，他听你的话吗？
   B：＿＿＿＿＿＿＿＿＿＿＿＿＿＿（除了……，疑问词+都/也……）

4. A：我发现你跟老人说话的时候，声音都很大。
   B：＿＿＿＿＿＿＿＿＿＿＿＿＿＿（……，好……）

七、从括号中选择适当的词语填空 Fill in the blanks with proper words in the brackets

1. 跟朋友一起吃吃饭，聊聊天，这只是个＿＿＿＿＿＿的约会。（平常 平时）

2. 今天的天气真是好＿＿＿＿＿＿。（透了 极了）

3. 他忙得＿＿＿＿＿＿吃饭。（顾得上 顾不上）

4. 这次我们出差时间很紧，谁＿＿＿＿＿＿看朋友啊。（顾得上 顾不上）

第三十四课　她忙着照相，顾不上说话

5. 放心吧！＿＿＿＿＿＿的问题都解决了。（所有　一切）

6. 放心吧！＿＿＿＿＿＿都很好。（所有　一切）

7. 我已经去医院检查过了，但是＿＿＿＿＿＿的结果还没有出来。（终于　最后）

8. 你＿＿＿＿＿＿来了！我已经等了半个小时了！（终于　最后）

八、读短文，填空　Read the passage, and fill in the blanks with the proper words

　　大家好！今天我很高兴能代表所有得奖学金的同学发言。首先，我要感谢我的老师们。他们每天认真＿＿＿＿＿＿教我，耐心＿＿＿＿＿＿回答我＿＿＿＿＿＿问题。＿＿＿＿＿＿没有亲爱的老师，我＿＿＿＿＿＿不可能拿到奖学金。谢谢你们！同学们总问我："佳佳，你怎么学＿＿＿＿＿＿这么好呢？"我想，最重要的就是两个字：坚持。不要怕困难，＿＿＿＿＿＿不要放弃。＿＿＿＿＿＿上课以外，你＿＿＿＿＿＿要多＿＿＿＿＿＿中国人聊天，好＿＿＿＿＿＿学过的生词和句子练习一下。还可以模仿他们的声调，请他们帮你改错等等。我相信，只要我们努力，就一能成功！

第三十五课

买得越多，价格越便宜

生词

1. 时刻	（名）	shíkè	time, moment	시각	時刻
2. 商品	（名）	shāngpǐn	goods, commodity	상품	商品
3. 越…越…		yuè…yuè…	the more..., the more...	더욱더	…すればするほど…
4. 购物	（动）	gòu wù	go shopping, purchase	쇼핑하다	ショッピング
5. 各种各样		gèzhǒng gèyàng	all kinds of	여러가지	さまざまな
6. 包括	（动）	bāokuò	to include	포함하다	…を含む
7. 首饰	（名）	shǒushì	woman's personal ornaments, jewelry	악세사리	アクセサリー
8. 日用品	（名）	rìyòngpǐn	articles of everyday use	생활용품	日用品
9. 已	（副）	yǐ	already	이미	すでに

第三十五课 买得越多，价格越便宜

10. 关机	（动）	guān jī	turn off (the mobile)	핸드폰이 꺼져있다	（携帯などの）電源を切る
11. 分头	（副）	fēntóu	separately, severally	각각, 따로따로	手分けして
12. 否则	（连）	fǒuzé	otherwise, if not	만약 그렇지 않으면	さもなくば
13. 算了		suànle	let it go at that	그만두다	やめにする
14. 工艺品	（名）	gōngyìpǐn	handicrafts	공예품	工芸品
15. 讨价还价		tǎo jià huán jià	bargain, haggle	흥정하다	値段交渉をする
16. 完全	（副）	wánquán	absolutely, completely	완전히	すっかり
17. 经过	（名）	jīngguò	course	경과	経過
18. 傻	（形）	shǎ	stupid	멍청하다	愚かである
19. 墨	（名）	mò	ink stick	먹, 묵	墨インク
20. 者	（助）	zhě	used after a verb as substitute for a person	자	人

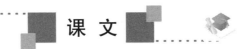

课 文

逛街的时候永远是女孩们最快乐的时刻。上海的豫园附近有很多小商品市场，东西又多，价格又便宜；而且买得越多，价格越便宜。所以女孩们都喜欢去那儿购物。

丽莎、芳子、黄佳佳她们也一样。尤其是丽莎，她认为逛街的时候即使不买什么，看着各种各样漂亮的东西，心情也会很好。这个星期六，她们打扮得漂漂亮亮的，从学校出发去豫园。

小商品市场有很多东西，包括服装、首饰、日用品什么的。她们一到这儿，就觉得这也好，那也漂亮。结果，逛了一个多小时，还是什么都没买。逛着逛着，她们突然发现丽莎不见了。打了好几个电话，电话里都说"对不起，您打的电话已关机"。

芳子说："我们分头找找吧。"黄佳佳说："还是一起找吧。否则，连我们也都丢了就麻烦了。实在找不到就算了，她一定能自己回去，没问题。"

后来，在一家卖工艺品的商店里，她们找到了丽莎。丽莎正在跟老板讨价还价，完全没发现自己已经丢了。听芳子说了事情的经过，她觉得非常奇怪："我没有关机啊。"她拿出手机看了一下，原来是没电了。她说："我真傻。上一次把照相机丢了，这一次又差点儿把自己丢了。"

芳子说："这叫'近墨者黑'，都是因为你每天跟哈利在一起。"

句子

1. 买得越多，价格越便宜。
2. 逛着逛着，她们突然发现丽莎不见了。
3. 还是一起找吧。否则，连我们也都丢了就麻烦了。
4. 实在找不到就算了。

第三十五课　买得越多，价格越便宜

练 习

一、替换，并造句　Substitute and make sentences with the given words or forms

1.

小商品市场里东西		多，	价格		便宜。
她呀，人	又	漂亮，	性格	又	温柔。
那个饭馆儿价格		贵，	味道		一般。

又……，又……

2.

买得		多，	价格		便宜。
睡的时间	越	长，	我	越	觉得困。
他们俩		有名，	在一起的时间		少。

越……，越……

3.

小商品市场有很多东西，		服装、首饰、日用品。
这本书的内容很丰富，	包括	中国的历史、政治、传统什么的。
考试的内容		汉字、拼音、语法。

……，包括……什么的

4.

> 逛着逛着，　　　　　她们突然发现丽莎不见了。
> 看着看着，　　　　　哈利睡着了。
> 走着走着，　　　　　小华迷路了。

V着V着……

5.

> 还是一起走吧，　　　　　连我们也都丢了就麻烦了。
> 要早点儿去买票，　　否则，　可能会买不到。
> 多穿点儿衣服，　　　　　容易感冒。

……，否则……

二、填写适当的汉字 Fill in the blanks with the proper characters

1. 超市里有各_____各_____的商品。
2. 城市里的女孩们每天都打_____得很漂亮。
3. 小李不见了，咱们分_____去找吧。
4. 她很喜欢去小商品市场买东西，因为那儿可以_____价_____价。
5. 我们会永远记住这个幸福的_____刻。
6. 香港的商店很多，很多人都喜欢去那儿_____物。

三、读词语，选词语填空 Read the words, and choose the right one to fill in the blanks

漂漂亮亮的　犹犹豫豫的　清清楚楚的　高高兴兴地　舒舒服服地

1. 快点儿决定吧，别_____。

第三十五课 买得越多，价格越便宜

2. 明天是星期六，可以_____睡个懒觉。

3. 女孩们都打扮得_____，去参加晚会。

4. 我写得_____，你怎么会看不懂？

5. 儿童节到了，孩子们_____跟爸爸妈妈出去玩儿。

四、用"越……，越……"改写下面的句子 Rewrite the sentences with "越……，越……"

越……，越……

例：买得多。价格便宜。→ 买得越多，价格越便宜。

1. 这种药使用时间长。效果明显。

　　→ _____

2. 年龄大。经验丰富。

　　→ _____

3. 车开得快。人的精神紧张。

　　→ _____

4. 对他了解得多。觉得他是好人。

　　→ _____

五、用"V着V着"完成句子和对话 Complete the sentences and dialogues with "V着V着"

1. 这个电视没有什么意思，_____。

2. 晚上爸爸加班，妈妈在客厅等他，_____。

3. A：你怎么现在才来？

　B：真对不起！我准备出门的时候，有个朋友从国外给我打电话。

　　我们_____。

六、用指定的词语完成对话　Complete the dialogue with the given words

1. A：你为什么买这个牌子的电视机呢？
   B：_____（又……，又……）

2. A：天气越来越冷，我不想运动。
   B：_____（越……，越……）

3. A：你喜欢运动吗？
   B：_____（尤其是）

4. A：明天你一定要跟同学去玩儿吗？听说明天天气不太好。
   B：_____（即使……，也……）

5. A：我明天晚上有事，可能来不及去你家了。真对不起。
   B：_____（算了）

七、改错句　Correct the sentences

1. 她希望每天都很快快乐乐地生活。
2. 我在商店里讨价还价老板。
3. 弟弟差点儿把花瓶没打碎。
4. 他不会完全说汉语。
5. 我觉得这件事情非常奇怪极了。
6. 读着读着那本书很有意思，就忘了时间。
7. 在小商品市场里，东西越买得多越价钱很便宜。
8. 我和朋友一边喝茶一边互相聊天。

八、作文　Write a composition

逛街很有（没有）意思

第三十六课

航班取消了

生 词

1. 取消	（动）	qǔxiāo	to cancel	취소하다	取り消す
2. 熟	（形）	shú	familiar	익숙하다	熟れる
3. 群	（量）	qún	group, herd, flock	그룹, 무리	群れを数える単位
4. 可爱	（形）	kě'ài	lovable, cute	귀엽다	可愛い
5. 开朗	（形）	kāilǎng	optimistic	명랑하다	朗らかだ
6. 活泼	（形）	huópō	lively, vivacious	활발하다	活発である
7. 上班	（动）	shàng bān	to be on duty	출근하다	出勤する
8. 收音机	（名）	shōuyīnjī	radio set	라디오	ラジオ
9. 报道	（名）	bàodào	news reporting	보도	報道する
10. 暴雨	（名）	bàoyǔ	torrential rain, rainstorm	폭우	豪雨
11. 必然	（形）	bìrán	inevitable, certain	필연적	必然的に
12. 正常	（形）	zhèngcháng	normal, regular	정상	正常である
13. 飞行	（动）	fēixíng	to fly	비행하다	飛行する

14. 等	（动）	děng	to wait	기다리다	待つ	
15. 恢复	（动）	huīfù	to recover, regain	회복하다	回復する	
16. 重新	（副）	chóngxīn	again, anew, afresh	다시	再び	
17. 定	（动）	dìng	to decide, fix, set	예약하다	決める、定める	
18. 尽管	（连）	jǐnguǎn	though, despite	비록…지만	たとえ…でも	
19. 失望	（形）	shīwàng	be disappointed	실망하다	失望する	
20. 天公不作美		tiāngōng bú zuòměi	Heaven is not cooperative; weather is not cooperative	하늘이 도와주지 않다	神は美しいものを作らない	

河南		Hénán	Henan Province	하남	地名
嵩山		Sōng Shān	Songshan Mountain	숭산	山の名
少林寺		Shàolín Sì	Shaolin Temple	소림사	寺の名

课文

按照原来的工作安排，今天下午王欣要带一个团去河南旅游。在王欣看来，这个团可是她的老熟人了。他们是一群可爱的留学生。王欣带他们去过一次海南，那些学生们又开朗又活泼，看着他们有说有笑，王欣觉得工作也轻松了不少。王欣知道，他们这次去河南，主要是想去嵩山少林寺。她记得，上次在海南，美国小伙子哈利就问过她："在少林寺真的能学中国功

第三十六课 航班取消了

夫吗？"

早上，王欣收拾好自己的旅行包，打车去旅行社上班。她打算中午在旅行社吃过午饭后就直接去机场。在车上，王欣从收音机里听到这样一条报道：河南昨天开始下暴雨，到现在还没有停。

听到这条报道，王欣有点儿担心，如果暴雨一直不停，必然会影响航班的正常飞行。到了旅行社，王欣赶紧给机场打电话，今天去河南的航班果然取消了。

旅行社已经为这个团订好了河南的宾馆。王欣又赶紧给宾馆打电话，告诉他们，因为航班取消，原来预订的房间也取消了，等航班恢复了，和旅游团重新定好日期，再和宾馆联系。

处理好了宾馆的事情，王欣又打电话通知唐老师和同学们。尽管没有看到同学们的样子，但王欣可以想象同学们失望的表情。可是，有什么办法呢？这是"天公不作美"啊！

句　子

1. 河南昨天开始下暴雨，到现在还没有停。
2. 王欣从收音机里听到一条报道……
3. 等航班恢复了，和旅游团重新定好日期，再和宾馆联系。
4. 尽管没有看到同学们的样子，但王欣可以想象同学们失望的表情。

练 习

一、替换，并造句 Substitute and make sentences with the given words or forms

1.

| 在 | 王欣
喜欢运动的人
当时 | 看来， | 这个团可是她的老熟人了。
运动是一种享受。
这样的衣服很好看。 |

在……看来，……

2.

| 从 | 收音机里
报纸上
她们的谈话中 | 听
看
了解 | 到 | 一条消息。
一条新闻。
这件事情。 |

从……动词+到……

3.

| 等 | 航班恢复了，
我写完这封信，
天气好了， | 和旅行团重新定好日期，再和宾馆联系。
我们再一起出去吧。
我打算去苏州看看奶奶。 |

等……，……

第三十六课 航班取消了

一、

	没有看到同学们的样子，		王欣可以想象同学们的样子。
尽管	他非常忙，	但	他还是热情地帮助了我。
	每天学习、工作很累，		觉得生活很充实。

尽管……，但……

二、填写适当的词语 Fill in the blanks with the proper words

> 取消　开朗　新闻　暴雨　恢复　失望

1. 昨天晚上下了一场_____，今天天气一下子变冷了。
2. 每天我都要看电视_____，了解世界上正在发生的事情。
3. 经理明天要去北京，我们的会议_____了。
4. 战争结束了，那儿又_____了平静。
5. 这次篮球赛中，我们队失败了，大家都很_____。
6. 他的性格很_____，遇到困难也不会放弃。

三、填量词 Fill in the blanks with the proper classifiers

一（　）宾馆　　一（　）房子　　一（　）石头

一（　）学校　　一（　）夫妻　　一（　）鲜花

一（　）家庭　　一（　）闪电　　一（　）新闻

四、填写适当的关联词语 Fill in the blanks with the proper connectives

> 即使……，也……　　既然……，就……
> 既……，又……　　　不管……，都……

1. _____来了，_____多玩儿几天吧。

2. ＿＿＿＿＿＿你不想去，＿＿＿＿＿＿一定要去，因为这是工作。

3. ＿＿＿＿＿＿他不愿意去，＿＿＿＿＿＿算了。

4. 我＿＿＿＿＿＿不想多花钱，＿＿＿＿＿＿想买到好的东西。

5. ＿＿＿＿＿＿结果怎么样，我＿＿＿＿＿＿会努力去做。

五、用"等……，……"改写下面的句子　Rewrite the sentences with "等……，……"

等……，……

例：航班恢复了。和宾馆联系。
　　→ 等航班恢复了，再和宾馆联系。

1. 电视机的价格便宜了。我买新的。

　　→ ＿＿＿＿＿＿＿＿＿＿＿＿＿＿＿＿

2. 我有了钱。买套好的房子让妈妈住。

　　→ ＿＿＿＿＿＿＿＿＿＿＿＿＿＿＿＿

3. 毕业了。发现做学生真好。

　　→ ＿＿＿＿＿＿＿＿＿＿＿＿＿＿＿＿

4. 你考完试。我带你去北京旅游。

　　→ ＿＿＿＿＿＿＿＿＿＿＿＿＿＿＿＿

六、用指定的词语完成对话　Complete the dialogue with the given words

1. A：你喜欢做幼儿园老师吗？
   B：＿＿＿＿＿＿＿＿＿＿＿＿＿＿（看着……，……）

2. A：有人觉得你现在做的事情没有意义。你认为呢？
   B：＿＿＿＿＿＿＿＿＿＿＿＿＿＿（在……看来）

3. A：这个电视剧不是七点开始吗？

　　B：_____（到……还没+V）

4. A：你是他的好朋友，你知道这件事情吗？

　　B：_____（尽管……，但……）

5. A：服务员，这盘菜太咸了！怎么能吃呢？

　　B：_____（重新）

七、改错句　Correct the sentences

1. 祝你早日健康恢复。
2. 看着学生，他觉得心情一点儿轻松。
3. 王欣带他们去过海南旅游一次。
4. 最近他很忙，明天的聚会不必然来。
5. 我看到这条新闻从电视上。

八、读短文，填空　Read the passage, and fill in the blanks with the proper words

　　不久前，西北欧许多国家发生了一＿1＿暴风雨，现在已经有二十多人受伤。气象专家说，这是从1990年＿2＿，这个地区最厉害的一次暴风雨，风速最高的时候，＿3＿每小时184公里。电线都被吹断了，几十万家庭只能在黑暗中生活。在一条重要的公路上，大风＿4＿三辆卡车吹翻了，于是在这条很忙的公路上排＿5＿了几公里的车队。

1. A. 阵　　　B. 次　　　C. 场　　　D. 遍
2. A. 以来　　B. 后面　　C. 后来　　D. 前后
3. A. 到达　　B. 达到　　C. 来到　　D. 成为
4. A. 把　　　B. 被　　　C. 给　　　D. 让
5. A. 下　　　B. 上　　　C. 来　　　D. 起

第三十七课

哪个旅行社比较好

生词

1. 进一步	（副）	jìnyíbù	further	더욱 더	さらに
2. 能力	（名）	nénglì	ability	능력	能力
3. 可靠	（形）	kěkào	reliable	믿음직하다	頼りになる
4. 专业	（名）	zhuānyè	major	전문, 전공	専攻
5. 接触	（动）	jiēchù	to come into contact with	접촉하다	触る
6. 善于	（动）	shànyú	to be good at	…에 능숙하다	…が上手である
7. 顾客	（名）	gùkè	customer	고객	顧客
8. 交流	（动）	jiāoliú	to exchange	교류하다	交流する
9. 投诉	（动）	tóusù	to appeal	신고하다	訴え出る
10. 质量	（名）	zhìliàng	quality	품질	質量
11. 管理	（动）	guǎnlǐ	to manage	관리하다	管理する
12. 部门	（名）	bùmén	department	부문	部門
13. 评	（动）	píng	to appraise	평가하다	評定する、判定する

第三十七课　哪个旅行社比较好

14. 信得过		xìndeguò	to trust	믿음직하다	信頼できる
15. 转告	（动）	zhuǎngào	to pass on a message (to sb.)	전달하다	伝言する
16. 具体	（形）	jùtǐ	concrete, specific	구체적이다	具体的に
17. 签	（动）	qiān	to sign	사인하다	サインする
18. 惊喜	（形）	jīngxǐ	surprised	놀라운 기쁨이다	驚喜する
19. 降低	（动）	jiàngdī	to reduce	줄이다	下がる
20. 一致	（形）	yízhì	consistent	일치하다	一致している
21. 效率	（名）	xiàolǜ	efficiency	효율, 능률	効率
22. 告别	（动）	gàobié	to say goodbye to	작별하다	別れを告げる

课文

　　学汉语快一年了，芳子和黄佳佳觉得自己的汉语水平提高了很多。虽然说不上很流利，但简单的生活对话基本没什么问题。她们想利用假期去厦门旅游，不但可以亲眼看看书上讲到的地方，而且可以进一步提高口语能力。她们希望找一家好一点儿的旅行社，可不知道哪家比较可靠，于是就去问李阳。因为李阳妈妈有一个好朋友是旅游专业的老师，平时跟旅行社接触比较多，比较了解情况。

那位老师推荐了自己的学生小王。小王读书的时候就非常认真，毕业后在旅行社工作了几年，非常善于和顾客交流，受到了大家的欢迎。后来自己开了一家旅行社，快五年了，还没有接到一起投诉，因此被旅游质量管理部门评为"信得过"旅行社。

听完妈妈的话，李阳马上给芳子她们打电话，告诉她们这些情况。"另外，妈妈的朋友让我转告你们，如果有空的话，星期五晚上七点在我家见面。你们可以商量一下具体的事情，顺利的话，还可以把合同也签好。"

星期五晚上，芳子和黄佳佳来到李阳家。当见到那个旅行社老板时，她们惊喜地叫了起来："原来是你啊！"原来小王就是王欣。王欣主动降低了费用，芳子和黄佳佳也一致同意马上签合同——王欣的办事效率总是很高。

告别的时候，大家都说：这个世界真小啊。

1. 她们的汉语，说不上流利，但简单的生活对话基本没什么问题。
2. 出去旅游可以进一步提高口语能力。
3. 王欣非常善于和顾客交流。
4. 王欣的旅行社被旅游质量管理部门评为"信得过"旅行社。

第三十七课 哪个旅行社比较好

练 习

一、替换，并造句 Substitute and make sentences with the given words or forms

1.

她们的汉语		流利，		日常会话基本没问题。
我对他	说不上	很了解，	但	知道一点儿情况。
我对这个电影		喜欢，		也不讨厌。

说不上……，但……

2.

出去旅游，可以		提高口语能力。
你最好把这件事情	进一步	向大家解释清楚。
双方都表示今后要		加强合作。

进一步……

3.

王欣	非常		跟顾客交流。
那个画家	最	善于	画风景。
他	不太		表达自己的感情。

善于……

4.

芳子和黄佳佳		同意马上签合同。
大家	一致	要求保护老建筑。
他们		认为巴西队最强。

一致……

5.

王欣的旅行社		旅游质量管理部门		"信得过"旅行社。
张先生	被	政府部门	评为	"好市民"。
李阳		学院		"好班长"。

被……评为……

二、填写适当的汉字 Fill in the blanks with the proper characters

1. 他说的话有一半是假的，不可全_____。
2. 如果服务不好的话，你可以_____诉。
3. 天气预报说明天温度可能会_____低三四度。
4. 我觉得提高学习效_____是最重要的。
5. 我们要毕业回国了，向老师告_____的时候，都很舍不得。
6. 这家公司的产品_____量很好。

三、用"信得过"和"信不过"填空 Fill in the blanks with "信得过" and "信不过"

1. 他说话算数，做事效率高，大家都_____他。
2. 你连自己的好朋友都_____，你还能相信谁？
3. 我买过这家公司的产品，很不错，所以我很_____他们的产品。
4. 小李很诚实，你怎么会对她_____呢？

四、用"受到……"完成下面的句子 Complete the sentences with "受到……"

1. 这家工厂每天向旁边的小河排放污水，_____。
2. 今天的工作，小王完成得很好，_____。
3. 郑先生是有名的教授，他的报告，_____。

第三十七课　哪个旅行社比较好

五、用指定的词语完成对话　Complete the dialogue with the given words

1. A：你觉得那个景点怎么样？有意思吗？
   B：_____。（说不上……）

2. A：_____。（可靠）
   B：可不是。大家都喜欢跟他交朋友。

3. A：你了解小张吗？
   B：_____。（接触）

4. A：对于你的提议，领导们是同意还是反对？
   B：_____。（一致）

5. A：明天要出去旅行了，你们的行李都准备好了吗？
   B：_____。（基本）

六、改错句　Correct the sentences

1. 不管是红灯，他们过马路，这样很危险。
2. 我朋友学习语言很善于。
3. 他帮助我主动学习汉语。
4. 我们一签合同完就回家了。
5. 学校的外边有很多小商店和方便的交通。
6. 大家在一起商量昨天的晚会怎么样。

七、作文　Write a composition

我的旅行（旅游）计划

第三十八课

没想到飞机晚点了

生词

1.	晚点	（动）	wǎn diǎn	(of a plane, train, etc) to be late	지연되다	（定刻より）遅れる
2.	发生	（动）	fāshēng	to happen	생기다, 발생하다	発生する
3.	广播	（名）	guǎngbō	broadcast	방송	放送する
4.	故障	（名）	gùzhàng	something wrong	고장	故障する
5.	一时	（副）	yìshí	for a short time	일시, 한동안	とっさに
6.	调	（动）	diào	to shift	바꾸다	振り向ける、派遣す
7.	架	（量）	jià	a classifier for planes	대	棚や機械を数える単位
8.	估计	（动）	gūjì	to estimate	짐작하다	見積もる
9.	议论	（动）	yìlùn	to comment, talk, discuss	의논하다	議論する、取りシすシたする
10.	洗澡	（动）	xǐ zǎo	to take a bath	샤워하다	入浴する
11.	强烈	（形）	qiángliè	strong	강렬하다	強烈である

第三十八课　没想到飞机晚点了

12. 诚恳	（形）	chéngkěn	sincere	성실하다	懇切だ、懇るだ
13. 道歉	（动）	dào qiàn	to apologize	사과하다	あやまる
14. 干脆	（副）	gāncuì	simply, just	아예	きっぱりしている
15. 闭	（动）	bì	to close (the eyes)	감다	閉じる
16. 改	（动）	gǎi	to change	변경하다, 고치다	変える
17. 采取	（动）	cǎiqǔ	to adopt	채택하다	採用する
18. 损失	（名）	sǔnshī	loss	손실	損失
19. 赚	（动）	zhuàn	to make a profit	돈벌이 하다	儲ける
20. 责任	（名）	zérèn	responsibility	책임	責任
厦门		Xiàmén	a city in Fujian	하문	地名

课　文

　　按照原来的计划，飞机晚上八点多飞厦门，到宾馆十一点多，第二天早上八点开始游览市区。

　　可是事情发生了变化。芳子她们刚到机场，就听到机场广播说飞机因发生故障晚点了，十点多才能起飞。大家只能等着。没想到等来的消息还是很糟糕：飞机的故障一时解决不了，需要另外调一架飞机过来，估计要十二点多才能起飞。"什么？"芳子大叫一声。大家生气地议论起来：那到宾馆不得半夜两点多了？洗洗澡什么的就要三点多，七点又要起床，这一晚上才能睡几个小时呀？

很多旅客表示强烈不满。可是机场认真地解释、诚恳地道歉，并且送来了点心、饮料等。看机场工作人员态度那么好，大家才慢慢平静下来。有的旅客开始看杂志，有的干脆闭着眼睛休息。

最急的是导游，因为飞机一晚点，明天的行程都受影响。他不停地打手机和厦门的旅行社联系，最后把起床时间改成八点半，行程中的景点也只能少安排一个，旅行结束后给大家退钱。采取这样的处理方法，对旅行社来说也有损失，可是为了游客能玩得愉快，旅行社就不能光想着赚钱。

游客们有点不满意，但也没办法。再说，飞机误点也不是旅行社的责任。芳子和佳佳说：这次算我们倒霉了。

句 子

1. 飞机的故障一时解决不了。
2. 有的旅客开始看杂志，有的干脆闭着眼睛休息。
3. 飞机一晚点，明天的行程都受影响。
4. 游客们有点不满意，但也没办法。再说，飞机误点也不是旅行社的责任。

第三十八课 没想到飞机晚点了

练 习

一、替换，并造句 Substitute and make sentences with the given words or forms

1.

飞机的故障		解决不了。
这样的词典	一时	用不着。
这件事情		解释不清楚。

一时……

2.

有的旅客开始看杂志，有的		闭上眼睛休息。
这个手机太旧了，不太好用，	干脆	买个新的吧。
你要是说不清楚，		别说了。

干脆……

3.

飞机		晚点，	明天的行程都受影响。
老师	一	解释，	大家都懂了。
女朋友		哭，	他就没有办法了。

一……，……

二、填写适当的词语　Fill in the blanks with the proper words

> 发生　　故障　　估计　　议论　　诚恳　　采取

1. 昨天晚上在高架道路上_____了一起交通事故。
2. 对不起，电梯有_____，请走楼梯。
3. 我_____他今天不会来了。
4. 做自己喜欢做的事，不要听别人的_____。
5. 他虽然错了，但是他的态度很_____，你就原谅他吧。
6. 他们打算_____什么办法解决这个问题？

三、从括号中选择适当的词语填空　Fill in the blanks with proper words in the brackets

1. 我不喜欢在背后_____别人。（议论　讨论）
2. 在会议上，我们认真地_____了这个问题。（议论　讨论）
3. 他的道歉非常_____。（诚恳　诚实）
4. 小时候，父母总是要我们做_____的好孩子。（诚恳　诚实）

四、用"多……"或"少……"完成下面的句子　Complete the sentences with "多……" or "少……"

例：时间不够，只能少安排一个景点。

1. 外边儿那么冷，出去的时候_____。
2. _____？那怎么可能！你知道我最喜欢抽烟。
3. 既然已经来了中国，除了学习汉语，还要_____。
4. _____就能及时了解世界上发生的事情。

第三十八课　没想到飞机晚点了

五、用"V + 得 / 不 + 了(liǎo)"完成下面的对话 Complete the dialogue with "V+得/不+了"

例：A：飞机为什么还不能起飞？

　　B：对不起，飞机的故障一时解决不了。

1. A：好久不见了。知道你要来，我做了你最爱吃的菜。

　　B：菜太多了，_____。

2. A：听说他生病住院了？

　　B：是呀，这次他的病很严重（yánzhòng, serious），恐怕一时_____
　　_____。

3. A：我要去国外留学，你可别忘了我。

　　B：放心吧，_____。

六、用指定的词语完成对话 Complete the dialogue with the given words

1. A：他怎么还没有来？我们都等了半个小时了。

　　B：_____。（干脆）

2. A：还在下雨，不知道会不会影响明天的行程？

　　B：_____。（估计）

3. A：听说他辞职去欧洲旅游了。

　　B：_____。（赚）

4. A：今天上班你怎么迟到了？

　　B：_____。（故障）

七、读短文，选词语填空 Read the passage, and choose the right words to fill in the blanks

非常　__1__，事情是这样的：您乘坐的航班发生　__2__一点儿故障。我们已经派人去修了，但一时修不好。__3__让大家尽量早点儿出发，我们已经__4__调了一架飞机过来。但是，不能马上到，所以请大家等待一会儿。这是我们航空公司给大家__5__的点心和矿泉水，还有毯子。如果您还有什么要求的话，请告诉我们，我们会尽量满足您的要求。

1. A. 道歉　　　B. 运气　　　C. 倒霉　　　D. 抱歉
2. A. 在　　　　B. 着　　　　C. 了　　　　D. 过
3. A. 由于　　　B. 为了　　　C. 因为　　　D. 于是
4. A. 再　　　　B. 别的　　　C. 另外　　　D. 其他
5. A. 准备　　　B. 赠送　　　C. 购买　　　D. 带来

第三十九课　堵车怎么这么厉害

生词

1. 郊区	（名）	jiāoqū	suburb	교외	近郊地区
2. 田野	（名）	tiányě	field	밭	田畑や野原
3. 农民	（名）	nóngmín	peasant	농민	農民
4. 劳动	（动）	láodòng	to labor	노동	働く
5. 最初	（名）	zuìchū	initial	최초	最初
6. 速度	（名）	sùdù	speed	속도	速度
7. 蜗牛	（名）	wōniú	snail	달팽이	カタツムリ
8. 高速	（形）	gāosù	high speed	고속	高速度
9. 高速公路		gāosù gōnglù	express way	고속 도로	高速道路
10. 浪费	（动）	làngfèi	to waste	낭비하다	無駄遣いをする
11. 严重	（形）	yánzhòng	serious	엄중하다	重大である、重としい
12. 一再	（副）	yízài	repeatedly	계속	何度も
13. 配合	（动）	pèihé	to coordinate	협력하다	力を合わせる

14. 增加	(动)	zēngjiā	to increase	증가하다	増加する
15. 能够	(动)	nénggòu	be able to	능히 할수 있다	…出来る
16. 收获	(名)	shōuhuò	results	수확	収穫
17. 只有…才…		zhǐyǒu…cái…	only	오직…해야만 하다	ただ…だけが…だ
18. 运用	(动)	yùnyòng	to apply	운용하다	運用する
19. 正确	(形)	zhèngquè	correct	정확하다	正しい
20. 克服	(动)	kèfú	to overcome	극복하다	克服する
21. 困难	(名)	kùnnan	difficulty	곤난	困難

课文

　　来厦门已经两天了，第一天在市内游览，第二天到郊区。现在芳子她们正在回市区的路上。路两边是绿色的田野，还有农民在劳动。城市来的游客很少看到这样的风景，都觉得很新鲜。

　　按照最初的计划，旅行团大约晚上六点半回市区吃晚饭。可是车离市区越来越近，速度却越来越慢。因为路上堵车堵得很厉害。现在都快八点了，车却仍然像蜗牛一样慢慢向前爬。很多游客都饿了。这可怎么办呢？导游和游客商量了一下，决定在高速公路的服务区买点儿点心、饮料什么的，大家先吃一点儿，然后再到饭店吃晚饭。因为晚饭订的是很好的饭店，又不能临时取消，不吃太浪费了。

　　旅行社也考虑到会堵车，留出了一个小时左右的时间，只是

第三十九课 堵车怎么这么厉害

没想到堵车情况这么严重，比原计划晚了两个多小时。导游一再向大家道歉，游客都表示理解，并且积极配合旅行社的安排。

买了东西上车以后，大家一边吃东西，还一边表演节目，车内的气氛非常热闹。有游客开玩笑地说，这是新增加的项目——车内联欢会，能够参加这样的联欢会，也是意外的收获呢。看到大家这样配合，导游也松了一口气。

其实，很多时候会发生一些意外的事情，只有运用正确的方法才能克服困难。而且，说不定坏事也会变成好事呢。

句 子

1. 现在都快八点了，车却仍然像蜗牛一样慢慢向前爬。
2. 导游一再向大家道歉。
3. 只有运用正确的方法才能克服困难。

练 习

一、替换，并造句　Substitute and make sentences with the given words or forms

1.

车		蜗牛		慢慢地	向前爬。
他	像	小偷	一样	轻轻地	走进房间。
妹妹		明星		微笑着	向大家招手。

像……一样……

2.

他们　　　　　　　　　　改变了计划。
买不到火车票，我们　　临时　　决定不去杭州了。
我的照相机坏了，　　　　　　借了小张的。

临时……

3.

导游　　　　　　　　　向大家道歉。
妈妈　　　一再　　　提醒我带雨伞，可我还是忘了。
电脑的价格　　　　　降低，现在已经很便宜了。

一再……

二、填写适当的词语　Fill in the blanks with the proper words

速度　浪费　严重　配合　收获

1. 这次去图书馆的＿＿＿＿＿很大，我查到了很多资料。

2. 这儿曾经发生过一起＿＿＿＿＿的交通事故。

3. 这几年中国的发展＿＿＿＿＿很快。

4. 把碗里的饭吃完，别＿＿＿＿＿了。

5. 准备登机的旅客，请大家＿＿＿＿＿我们的安全检查工作，谢谢。

三、用"变"、"变化"和"改变"填空　Fill in the blanks with "变","变化", and "改变"

1. 天气的＿＿＿＿＿也会影响人的情绪。

2. 交通越来越方便，旅游也＿＿＿＿＿得越来越简单。

第三十九课　堵车怎么这么厉害

3. 十年不见，我觉得他一点儿都没_____。

4. _____习惯就可以减肥，不需要不吃不喝。

5. 近几年上海的_____很大，越来越漂亮了。

四、读词语，选词语填空 Read the phrases, and choose the right one to fill in the blanks

> 挤出时间　空出地方　找出原因　想出办法　提出意见

1. 虽然我很忙，但是一定要_____去看爸爸妈妈。

2. 欢迎大家对我们的工作_____。

3. 你的桌子怎么这么乱？快整理一下，_____放电脑。

4. 只有_____，才能解决问题。

5. 希望大家一起_____来保护大熊猫。

五、用"只有……，才……"改写下面的句子 Rewrite the sentences with "只有……，才……"

例：运用正确的方法。克服困难。
→只有运用正确的方法，才能克服困难。

1. 坚持。有收获。
→_____

2. 不停地提醒。记得住。
→_____

3. 互相理解。成为好朋友。
→_____

4. 试过。知道合适不合适。

   → _____

六、用指定的词语完成对话　Complete the dialogue with the given words

1. A：你不是说跟朋友一起出去吃晚饭吗？怎么在宿舍吃方便面？
   B：_____。（临时）

2. A：他怎么可以这样，我不能原谅他！
   B：算了，_____。（一再）

3. A：今天晚上爸爸加班，回家很晚，我们不等他了，先吃吧。
   B：_____。（留出）

4. A：你常说要买车，现在已经赚了不少钱，为什么还不买呢？
   B：_____。（说不定）

七、作文　Write a composition

上海（北京、广州……）的交通

第四十课　CA5088号航班几点到达

生　词

1. 无论	（连）	wúlùn	no matter	…막론하고	…を問わず
2. 倍	（量）	bèi	times	배	倍
3. 至少	（副）	zhìshǎo	at least	최소한	少なくとも
4. 超	（动）	chāo	to exceed	초과하다	超える
5. 超重	（动）	chāo zhòng	over weight	중량을 초과하다	（荷物などが）規定の重さを超過する
6. 千万	（副）	qiānwàn	used for exhortation or friendly warning	절대로	どんなことがあっても
7. 然而	（连）	rán'ér	however	그러나, 그렇지만	けれども
8. 接受	（动）	jiēshòu	to accept	접수하다	受け取る
9. 查询	（动）	cháxún	to inquire about	문의하다, 조회하다	問いただす

10. 学费	（名）	xuéfèi	tuition fee	학비	学費
11. 辛苦	（形）	xīnkǔ	hardworking	수고하다	苦労する
12. 充足	（形）	chōngzú	adequate	넉넉하다, 충족하다	充分である
13. 资源	（名）	zīyuán	resources	자원	資源
14. 充分	（形）	chōngfèn	adequate	충분하다	十分
15. 经济	（形）	jīngjì	economical	경제적이다	経済
16. 实惠	（形）	shíhuì	practical	실속있다	実益
17. 吓	（动）	xià	to frighten	놀라다	脅かす
18. 背	（名）	bèi	the back of the body	등	背中
19. 背	（动）	bēi	to carry on one's back	짊어지다	背負う
20. 其余	（代）	qíyú	the rest	나머지	ほかの，あとの

课 文

　　女孩子无论到哪里，都忘不了购物。这不，芳子和黄佳佳到厦门旅游一趟，除了欣赏风景，还买了不少东西。行李比去的时候重了好几倍，每个人的行李至少有三十公斤，都超重了，她们自己都拿不动了。所以请哈利和金大永去机场接她们。看来，以后可千万不能再买那么多东西了。然而，话虽这么说，下次肯定还是这样。

第四十课　GA5088号航班几点到达

哈利和金大永接受了任务以后，才发现芳子她们没有说明航班几点到达。查询航班其实很简单，打电话或者上网就行了。可他们担心自己的汉语不好，说不清楚，所以还是选择了上网。

查完以后，他们就开始商量怎么去机场。当然，打车去是最方便的，但是他们都是留学生，他们在中国的学费都是父母给的，父母辛苦赚来的钱，不能太浪费。好在不用上课，时间很充足，没有必要来回都打车，可以慢慢坐车。但是从机场回宿舍肯定是要打车的——芳子和黄佳佳行李很多嘛。还有，四个人打车对资源的利用是最充分的，也是最经济、最实惠的。

哈利和金大永见到两个女孩的时候，还是吓了一跳：天哪！那么多东西，好像在搬家。他们连忙跑过去帮忙。哈利和金大永一人拉一个大行李箱，背上背着包，其余的东西由芳子和黄佳佳自己来拿。

句子

1. 女孩子无论到哪里，都忘不了购物。
2. 这不，芳子和黄佳佳到厦门旅游一趟，除了欣赏风景，还买了不少东西。
3. 以后可千万不能再买那么多东西了。
4. 好在不用上课，时间很充足，没有必要来回都打车。

练习

一、替换，并造句 Substitute and make sentences with the given words or forms

1.

女孩子		到哪里，		忘不了购物。
球队	无论	成功还是失败，我们	都	支持他们。
王老师		什么时候		很关心学生。

无论……，都……

2.

以后可			不能再买那么多东西了。
买东西的时候		千万	不要只选便宜的。
快穿上衣服，			别感冒了。

千万……

3.

时间很充足，		来回都打车。
这个电视机还能看，	没有必要	再买一个新的。
你只是没得第一名，		这么伤心。

没有必要……

第四十课　CA5088号航班几点到达

4.

女孩子都喜欢购物，		她们去厦门又买了很多东西。
我每天都很忙，	这不，	要考试了，又要忙复习。
我最喜欢游泳，		现在我刚游泳回来。

……，这不，……

5.

其余的东西		芳子和黄佳佳自己	拿。
那儿的情况	由	我	给大家介绍。
家具都		搬家公司	来搬。

由……　……

二、填写适当的词语　Fill in the blanks with the proper words

至少　接受　学费　辛苦　资源　实惠

1. 王先生毫不犹豫地_____了这个工作。

2. 很多自然_____用完就没有了，所以绝对不能浪费。

3. 我每个假期都打工，赚下个学期的_____。

4. 这家公司的商品质量还可以，价格也不贵，比较_____。

5. 农民每天在田野里劳动，很_____。

6. 从上海到北京坐火车_____要10个小时。

三、用"仍然"、"然而"和"不然"填空　Fill in the blanks with "仍然"，"然而"，and "不然"

1. 正确地运动很重要，_____也会影响健康。

2. 孩子们花了很多时间做作业，_____这些练习对他们并没有很大帮助。

3. 几千年过去了，春节_____是中国人最重要的节日。

4. 妈妈总让她快结婚，_____到了三十岁就很难找到男朋友了。

四、用"……，好在……"改写下面的句子　Rewrite the sentences with "……，好在……"

例：来回打车很贵。不用上课，可以慢慢坐车。
　　→ 来回打车很贵，好在不用上课，可以慢慢坐车。

1. 半路上突然下雨了。我们都带了伞。
　　→ _____

2. 没赶上八点的火车。去苏州的火车很多，我们买到了半个小时以后的。
　　→ _____

3. 第一次到中国我不会点菜。菜单上有英文。
　　→ _____

4. 他被车撞了一下。不严重，住了一个月院就好了。
　　→ _____

五、用"这不，……"完成下面的句子　Complete the sentences with "这不，……"

1. 她的身体一直不太好，这不，_____。

2. 小王在穿衣服方面比较节省，这不，_____。

3. 现在的年轻人都喜欢换工作，这不，_____。

第四十课　CA5088号航班几点到达

六、用指定的词语完成对话　Complete the dialogue with the given words

1. A：你觉得我穿什么颜色的衣服比较好看？
   B：_____。（无论……都……）

2. A：_____。（千万）
   B：放心吧，我不会忘的。不然就不能上飞机了。

3. A：你感冒了，怎么不去医院看病？
   B：_____。（没有必要）

4. A：听说你们去旅游的时候汽车发生了故障？
   B：_____。（好在……）

七、读短文，填空　Read the passage, and fill in the blanks with the proper words

丽丽_____毕业，就进了一家公司，每个月的收入有三千元左右。由于公司_____家比较远，只能周末回家。她_____回到家里_____不停地去逛街购物，每个周末都要花掉上千块钱，_____买来的好多东西她用也没用过。这不，她刚刚又在商场买了两套衣服。心理医生认为，丽丽的购物习惯其实_____她原来比较好的家庭条件有关，刚刚工作的时候还不能很好_____理财（lǐcái, to manage one's money），经过努力，是可以改变的。

第四十一课

真是蚂蚁的话，我可不敢吃

生词

1. 蚂蚁	（名）	mǎyǐ	ant	개미	アリ
2. 猜	（动）	cāi	to guess	추측하다	推測する
3. 原料	（名）	yuánliào	raw material	원료	原料
4. 难道	（副）	nándào	could it be that...	설마	まさか…ではあるまい
5. 产生	（动）	chǎnshēng	to bring about	생기다	生じる、生まれる
6. 疑问	（名）	yíwèn	interrogation	의문	疑問
7. 眼	（名）	yǎn	eye	눈	目
8. 嘴	（名）	zuǐ	mouth	입	口
9. 喷	（动）	pēn	to puff	뿜다	噴き出す
10. 有点儿	（副）	yǒudiǎnr	slightly; somewhat	조금	少し
11. 糊涂	（形）	hútu	muddled	어리둥절하다	はっきりしない

第四十一课　真是蚂蚁的话，我可不敢吃

12. 究竟	（副）	jiūjìng	on earth	도대체	一体
13. 猪	（名）	zhū	pig	돼지	豚
14. 肉末	（名）	ròumò	mince meat; chopped meat	고기소	ミンチ
15. 粉条（粉丝）	（名）	fěntiáo (fěnsī)	vermicelli (bean vermicelli)	당면	はるさめ
16. 贴	（动）	tiē	to stick; to paste	붙이다	貼る
17. 因而	（连）	yīn'ér	thus; therefore	그래서	従って
18. 区别	（名）	qūbié	difference	구별	区別する
19. 粗	（形）	cū	thick	굵다	太い
20. 细	（形）	xì	fine	가늘다	細い
21. 盘	（量）	pán	plate	접시	皿に盛ったものなどを数える単位
22. 白菜	（名）	báicài	Chinese cabbage	배추	白菜
23. 面	（名）	miàn	noodle	면	麺
24. 请客	（动）	qǐng kè	invite to dinner	한턱 내다	ごちそうする
25. 包子	（名）	bāozi	steamed stuffed bun	만두	（具の入っている）中華まん

| 麻婆豆腐 | | Mápó dòufu | Spicy hot bean curd | 요리이름 | 料理名 |
| 蚂蚁上树 | | Mǎyǐ shàngshù | sauteed vermicelli with spicy minced pork | 요리이름 | 料理名 |

课文

中国菜很有意思,有的菜从菜名能够猜出菜的原料是什么,如麻婆豆腐,原料是豆腐;而有的菜,从名字看不出原料是什么,如蚂蚁上树,难道原料是蚂蚁?

金大永、丽莎和李阳昨天吃饭的时候就产生了这样的疑问。金大永眼尖,一眼看到菜单上有一个菜叫"蚂蚁上树",吃惊得张大了嘴,刚喝下去的一口茶差点儿喷出来:"真的是用蚂蚁做的吗?这不大可能吧,那树又是什么呢?"

他问李阳,李阳也有点儿糊涂:"没吃过,也没听说过,问问服务员吧。"

听了他们的话,服务员笑了:"当然不是真的蚂蚁。"

丽莎放心了:"真是蚂蚁的话,我可不敢吃。"

金大永着急地问:"那究竟是什么做的呢?"

服务员耐心地介绍说:"蚂蚁上树的原料是猪肉末和粉条或者粉丝。因为做好了以后,肉末贴在粉条或者粉丝上,看上去好像蚂蚁爬在树上,因而叫这个名字。"

"那粉条和粉丝有什么区别呢?"金大永继续问。

"粉条比粉丝粗点儿,粉丝比粉条细点儿。要不今天你们就尝尝这个菜?味道挺不错的。"服务员说。

金大永点点头,说:"那就来一盘吧,另外,再炒个白菜,三碗面。"跟着又来了一句:"今天我请客。"

丽莎开玩笑地说:"你请客啊?那再来两个包子,我带回去晚上饿了吃。"

第四十一课　真是蚂蚁的话，我可不敢吃

句子

1. 难道原料是蚂蚁？
2. 他问李阳，李阳也有点儿糊涂。
3. 真是蚂蚁的话，我可不敢吃。
4. 那究竟是什么做的呢？

练习

一、填写适当的汉字 Fill in the blanks with the proper characters

1. 有的菜从菜名能猜出菜的原_____是什么。
2. 丽莎和金大永对"蚂蚁上树"这道菜产生了疑_____。
3. 金大永一看到"蚂蚁上树"这个菜名，吃_____得把嘴张得老大。
4. 李阳这个中国人也被金大永问糊_____了。
5. 粉丝和粉条的区别就是，粉丝比粉条_____点儿，粉条比粉丝_____点儿。
6. 你能不能说得清楚一点儿，你究_____去还是不去？

二、用在哪儿 Where can we use it

1. 不：我觉得，从服装看出人的性格。你觉得呢？
2. 就：我第一眼看到她觉得在哪里见过，有一种熟悉的感觉。
3. 又：她进来把书放在桌子上，什么也没说，接着出去了。
4. 能：从爱好看出人的性格吗？
5. 也：我没见过这个人，没听过他的名字，对他完全不了解。

三、用"有点儿"完成下面的句子 Complete the sentences with "有点儿"

1. 我＿＿＿＿＿＿（不舒服），想早点睡觉。

2. 你这么一解释，我＿＿＿＿＿＿（明白）你的意思了。

3. A：这个菜＿＿＿＿＿＿（辣），你能吃吗？

   B：没关系，只要不是特别辣，我就能吃。

四、用"难道"完成下面的句子 Complete the sentences with "难道"

1. 这么简单的道理，＿＿＿＿＿＿吗？（懂）

2. 我是你的小学同学啊，＿＿＿＿＿＿？（认识）

3. 你没听说过他？＿＿＿＿＿＿吗？（看电视）

4. 你为什么不用电脑？＿＿＿＿＿＿？（电脑）

5. 星期六陪我去公园玩儿都不行？＿＿＿＿＿＿？（工作）

五、用"……的话"改写下面的句子 Rewrite the sentences with "……的话"

例：你如果不去，我也不去。
  → 你不去的话，我也不去。

1. 要是7点钟有车，我就坐7点钟的车回去。
  →＿＿＿＿＿＿＿＿＿＿＿＿

2. 如果你不相信我，我就什么也不说了。
  →＿＿＿＿＿＿＿＿＿＿＿＿

3. 如果我是校长，我会让留学生在圣诞节这一天放假。
  →＿＿＿＿＿＿＿＿＿＿＿＿

4. 假如让你发言，你会说什么？
  →＿＿＿＿＿＿＿＿＿＿＿＿

第四十一课　真是蚂蚁的话，我可不敢吃

5. 没有你的帮助，我不可能进步得这么快。

　　→ _____

六、仿照例句造句　Make sentences after the model

究竟+V

例：究竟　听

　　→你究竟听到我说的话没有？

1. 究竟　说　→_____

2. 究竟　想　→_____

3. 究竟　看　→_____

4. 究竟　了解　→_____

5. 究竟　明白　→_____

七、连词成句　Arrange the given words into the sentences

1. 喝　茶　下去　的　差点儿　刚　出来　喷　他

2. 用　是　真的　蚂蚁　做　吗　的

3. 耐心　服务员　地　她们　向　介绍　了　做法

4. 是　蚂蚁　我　不敢　真　的话　吃　可

5. 那　给　就　一　我们　吧　来　盘

八、作文　Write a composition

_____（人）最喜欢的中国菜

第四十二课

中国菜很好吃，可就是油太多

生词

1. 现象	（名）	xiànxiàng	phenomenon	현상	現象
2. 承认	（动）	chéngrèn	to acknowledge	승인하다	認める
3. 盘子	（名）	pánzi	plate	접시	大きな皿
4. 公斤	（量）	gōngjīn	kilogram	킬로그램	キログラム(kg)
5. 仅仅	（副）	jǐnjǐn	merely; barely	단지	わずかに…だけ
6. 充满	（动）	chōngmǎn	to be full of	가득하다	満たす
7. 瘦	（形）	shòu	thin	여위다	痩せている
8. 保持	（动）	bǎochí	to keep	유지하다	保持する
9. 红茶	（名）	hóngchá	black tea	홍차	紅茶
10. 促进	（动）	cùjìn	to advance, accelerate	추진하다	促進する
11. 消化	（动）	xiāohuà	to digest	소화시키다	消化する
12. 分析	（动）	fēnxī	analysis	분석하다	分析
13. 表扬	（动）	biǎoyáng	to praise	칭찬하다	表彰する

第四十二课　中国菜很好吃，可就是油太多

14. 必要	（形）	bìyào	necessary	필요하다	必要である
15. 便	（副）	biàn	then	이미, 벌써	すでに
16. 楼梯	（名）	lóutī	stair	계단	階段
17. 啦	（助）	la	a modal word	어기조사	（語氣助詞）緊張や興奮の意を表す感嘆詞
18. 愁	（动）	chóu	to worry about	걱정하다	心配する
19. 目标	（名）	mùbiāo	objective; goal	목표	目標
20. 运动会		yùndònghuì	a sports competition	운동회	運動会
21. 行动	（名）	xíngdòng	action	동작	動作
22. 白天	（名）	báitiān	daytime	낮	昼間
23. 补习	（动）	bǔxí	to take lessons after school	과외수업	補習する
24. 理由	（名）	lǐyóu	reason	이유	理由、口実

课　文

　　金大永和丽莎发现了一个很奇怪的现象：中国菜很油腻，可是胖人却不多。这是为什么呢？

　　金大永承认中国菜很好吃，可就是油太多。一盘菜吃完了，盘子里面常常会剩下一层油。金大永来中国以后胖了四公斤。不仅仅是他，他的很多韩国朋友也都一样。于是，他们心里更加充满好奇：中国人天天这样吃，怎么都挺瘦啊？他们是怎么保持的？

丽莎说:"中国人都爱喝茶,会不会跟这个有关系呢?"因为她看见,去饭店吃饭,服务员会先给每个人倒一杯茶;去朋友家里吃饭,饭后一边聊天,一边喝茶;夏天的时候,常常看到行人手里拿一瓶"冰红茶"、"冰绿茶"……"难道茶促进消化?"

金大永听了丽莎的分析,表扬她观察仔细。"看来喝茶是很有必要的,经常喝茶,便不会胖。另外还有一个原因",他又补充道:"那就是多运动、多活动,比如,少乘电梯,多走楼梯啦,少坐车,多骑车啦。我现在愁自己能不能瘦下来,我的目标是'回到从前'。下个月学校有运动会,我打算报名。"

丽莎有点儿不相信,说:"好啊,不过光说不行,得见行动。你什么时候开始锻炼?"

金大永想了想,说:"是呀,什么时候开始呢?白天上课,晚上补习,哪有空啊?"

丽莎说:"这算什么理由?真想运动,我不信没有时间。我看你还是不愁。"

"怎么不愁?我明天就开始锻炼!"听金大永这么说,丽莎笑了。

句子

1. 中国菜很好吃,可就是油太多。
2. 不仅仅是他,他的很多韩国朋友也都一样。
3. 看来喝茶是很有必要的,经常喝茶,便不会胖。
4. 那就是多运动、多活动。少乘电梯,多走楼梯啦,少坐车,多骑车啦。

第四十二课　中国菜很好吃，可就是油太多

练 习

一、填写适当的汉字　Fill in the blanks with the proper characters

1. 看来喝茶对于健康是很有必_____的。
2. 金大永现在很_____自己能不能瘦下来。
3. 金大永打算报名参加学校下个月的运_____会。
4. 说没时间运动，那不是_____由。
5. 我们希望金大永能早日实现他的目_____。

二、用在哪儿　Where can we use it

1. 便：金大永觉得，经常喝茶，不会胖。
2. 另外：他们不会变胖的一个原因是多运动。
3. 光：说不见行动是不行的。
4. 真：想运动，一定找得到时间的。
5. 就：金大永准备明天开始锻炼。

三、用"仅仅"完成下面的句子　Complete the sentences with "仅仅"

1. _____（两个月），你就瘦了这么多，你是不是病了？
2. _____（她），我们也都看到了。
3. 要想学好中文，_____（上课）是不够的，还必须课后多说多练。
4. 最近几年气候不太正常，_____（上海），世界其他很多城市也是这样。

四、读词语,选词语填空 Read the phrases, and choose the right one to fill in the blanks

> 看来你这次不准备去了　　看来你已经复习好了
>
> 看来你们早就认识了　　看来我不用多介绍了

1. 你们俩怎么这么熟悉,_____。
2. 原来你已经去过西安了,_____。
3. 既然情况你们都已经了解了,_____。
4. 马上要考试了,你还去看电影,_____。

五、用"……啦,……啦"改写下面的句子 Rewrite the sentences with "……啦,……啦"

例:水果:苹果、橘子、梨

　　→她今天买了很多水果,有苹果啦、橘子啦、梨啦,等等。

1. 动物:猴子、大象、熊 →_____
2. 城市:北京、西安、桂林 →_____
3. 设备:空调、冰箱、洗衣机 →_____
4. 节目:唱歌、跳舞、音乐剧 →_____

六、仿照例句造句 Make sentences after the model

……,可就是……

例:中国菜很好吃。油太多。

　　→中国菜很好吃,可就是油太多。

1. 上海很好。夏天太热。

　　→_____

第四十二课　中国菜很好吃，可就是油太多

2. 这个房间很好。没有空调。

　　→ _____

3. 养个小动物当然好。太花时间。

　　→ _____

4. 她对人很好。容易生气。

　　→ _____

5. 这个饭店的菜很好吃。环境不太好。

　　→ _____

七、连词成句　Arrange the given words into the sentences

1. 胖人　多　跟　中国　不会　茶　呢　不会　有关系
2. 作用　茶　难道　促进　有　消化　的
3. 丽莎　金大永　观察　表扬　仔细　得
4. 希望　能　金大永　下来　恢复　样子　瘦　原来　的
5. 达到　为了　准备　金大永　目标　开始　明天　锻炼　就

八、改错句　Correct the sentences

1. 一盘菜吃完了，盘子下面会常常剩下一层油。
2. 金大永来中国以后胖四公斤。
3. 中国人都不胖，会不会跟他们爱喝茶有没有关系呢？
4. 茶能难道促进消化？

第四十三课

她自己倒冻得直发抖

生词

1. 倒	(副)	dào	but on the contrary	도리어, 오히려	意外な気持ちを表す
2. 冻	(动)	dòng	to freeze	얼다	凍る
3. 直	(副)	zhí	continuously	계속	しきりに
4. 发抖	(动)	fādǒu	to tremble	떨다	震える
5. 逐渐	(副)	zhújiàn	gradually	점점, 조금씩	だんだんと
6. 阿		ā	a prefix	앞에 쓰여 친밀감을 나타냄	(親しみを表す) …ちゃん
7. 长途	(名)	chángtú	long distance	장거리	長距離
8. 不许	(动)	bùxǔ	not to be allowed	불허	許さない
9. 意识	(动)	yìshi	to be aware of	의식하다	気づく
10. 错误	(名)	cuòwù	mistake	잘못	間違い
11. 岛	(名)	dǎo	island	섬	島
12. 游玩	(动)	yóuwán	to go sight-seeing	유람하다	遊ぶ
13. 姑娘	(名)	gūniang	girl	처녀	女の子

第四十三课 她自己倒冻得直发抖

14. 挡	（动）	dǎng	to obstruct	막다	さえぎる
15. 心疼	（动）	xīnténg	to love with all one's heart	가슴 아프다	慈しむ
16. 逗	（动）	dòu	to amuse	놀리다	引きさらす、誘う
17. 多么	（副）	duōme	how	얼마나	どんなに
18. 善良	（形）	shànliáng	kind-hearted	착하다	善良である
19. 照常	（副）	zhàocháng	as usual	평소대로 하다	いつものように
20. 作为	（动）	zuòwéi	as	…으로서	…とする、…とみなす
21. 对比	（动）	duìbǐ	to contrast	비교하다	比較する
22. 当做	（动）	dàngzuò	to treat as	삼다	…と見なす

课 文

　　旅游中玩儿得好不好，导游很重要。刚开始有的游客听说导游是一个年轻女孩儿，还有点儿不满意，怕她没有经验。可是，在旅游过程中，这些游客逐渐改变了看法。这是为什么呢？

　　有一次，团里的一个阿姨一边打电话一边过马路，没注意到旁边有车开过来。王欣看到了，急忙冲过去，把阿姨拉到了路边。

　　一路上坐的是空调车，又是长途，车内不许吸烟，可是一个老伯伯忘了，在车里抽起了烟。王欣没说什么，只是咳嗽了一声，老伯伯马上意识到了自己的错误，不抽了。大家都笑了。

在岛上游玩的时候，风比较大，有一个小姑娘穿得不多，王欣就用自己的衣服给那个小姑娘挡风，她自己倒冻得直发抖，当天晚上就感冒了。大家都感到很心疼。王欣却笑着逗大家："没关系，我感冒了，声音是不是更好听了？"多么善良的姑娘啊！不仅如此，吃了点儿药，休息一晚上后，第二天，王欣还照常给大家做介绍。大家都说让王欣别介绍了，他们可以自己看。王欣却说："作为导游，向游客介绍景点是应该的。"

很多游客参加过别的旅游团，对比下来，他们觉得王欣是他们遇到的最好的导游。她把游客当做自己的亲人和朋友，让大家都感到很舒服、很温暖、很亲切。

1. 在旅游过程中，这些游客逐渐改变了看法。
2. 她没注意到旁边有车开过来。
3. 她自己倒冻得直发抖。
4. 作为导游，向游客介绍景点是应该的。

一、填写适当的汉字　Fill in the blanks with the proper characters

1. 天气逐_____变冷了，早上真不愿意起来啊。

第四十三课 她自己倒冻得直发抖

2. 她本来不同意的，后来又同意了，到_____是为什么呢？

3. 她出来的时候没想到外面风这么大，衣服穿得不多，冻得直发_____。

4. 他们圣诞节不休息，照_____上课。

二、用在哪儿 Where can we use it

1. 在：旅游的过程中，我学到了很多知识。

2. 到底：这是怎么回事儿啊？

3. 逐渐：跟她认识的时间长了，我了解到，她是一个非常善良的人。

4. 多么：这里的景色美啊！你怎么不拍照呢？

三、读词语，选词语填空 Read the phrases, and choose the right one to fill in the blanks

> 逐渐变好了　　到底想怎么样　　多么美好的一天啊
> 到底发生了什么事情

1. 他以前脾气不太好，可是最近脾气_____。

2. 这样你也不满意，那样你也不满意，你_____？

3. 每天早上起来，都应该在心里想：这是_____！

4. 她一句话也不说，只是哭，_____？

四、用"作为……"改写下面的句子 Rewrite the sentences with "作为"

例：我是老同学。我应该照顾新同学。
　　→作为老同学，我应该照顾新同学。

1. 我是老师，我应该认真教好每个学生。
　　→_____

2. 我是医生，我应该照顾好我的病人。

   → _____

3. 我是妈妈，我不能把孩子放在家里，自己出去玩儿。

   → _____

4. 你是姐姐，怎么能打妹妹呢？

   → _____

5. 我是外国人，我希望多了解中国。

   → _____

五、连词成句　Arrange the given words into the sentences

1. 我们　女孩儿　是　导游　听说　年轻　的　很　一个　的
2. 经验　恐怕　没有　照顾　的　不　导游　游客　好
3. 在　阿姨　马路　的　电话　上　没有　打　到　有　注意　车　旁边　过来　开
4. 车　吸烟　长途　内　不许　空调
5. 自己　把　王欣　了　感冒　衣服　给　别人　冻

六、改错句　Correct the sentences

1. 王欣一咳嗽，那位老伯伯马上意识了自己的错误。
2. 休息了一晚，第二天，王欣给大家照常还做介绍。
3. 王欣多么是一个善良的导游啊！
4. 她不注意到旁边有辆车开过来了。

七、作文　Write a composition

一个帮助过我的人

第四十四课　请填一下旅游服务质量评价表

生　词

1. 程度	（名）	chéngdù	level; degree	정도	程度
2. 进行	（动）	jìnxíng	to do	진행하다	進める
3. 科学	（形）	kēxué	scientific	과학	科学的な
4. 严格	（形）	yángé	strict	엄격하다	厳格である
5. 方面	（名）	fāngmiàn	side	방면	方面
6. 成立	（动）	chénglì	to establish	세우다	成り立つ
7. 实行	（动）	shíxíng	to implement	실행하다	実行する
8. 例如	（动）	lìrú	for instance	예를 들다	例えば
9. 调查	（动）	diàochá	to investigate	조사하다	調査する
10. 范围	（名）	fànwéi	range	범위	範囲
11. 存在	（动）	cúnzài	to exist	존재하다	存在する
12. 改进	（动）	gǎijìn	to improve	개선하다	改善する
13. 措施	（名）	cuòshī	measure	조치하다	措置

295

14. 防止	（动）	fángzhǐ	to prevent	방지하다	防止する
15. 今后	（名）	jīnhòu	from now on	일후	今後
16. 从而	（连）	cóng'ér	thereby	따라서	したがって
17. 达到	（动）	dádào	to reach	도달하다	達する、達成する
18. 符合	（动）	fúhé	to be in line with	부합하다, 일치하다	一致する
19. 领导	（名）	lǐngdǎo	leader	영도, 지도자	指導者
20. 将来	（名）	jiānglái	future	미래, 장래	将来
21. 改善	（动）	gǎishàn	to make better	개선하다	改善する
22. 扩大	（动）	kuòdà	to expand	확대하다	拡大する

课文

　　服务业做得好不好，顾客的满意程度就是最好的标准。为了保证服务质量，必须进行科学、严格的管理。欣欣旅行社在这方面很有经验。

　　欣欣旅行社从成立开始，一直实行科学、严格的管理。例如，每一次旅游结束，旅行社都会对游客进行情况调查。调查的范围是所有的游客。调查的内容包括跟这次旅游有关的各个方面：请游客们谈谈对这次旅游的满意程度，对旅行社的安排有什么意见，旅游过程中的吃、住、玩儿等方面存在哪些问题，希望采取什么样的改进措施，对导游的工作能力、工作态度是

第四十四课　请填一下旅游服务质量评价表

不是满意，等等。

做这样的调查是为了防止在今后的工作中再出现同样的问题，从而把今后的工作做得更好，让顾客更满意。因此，对导游来说，游客的满意程度很重要。如果不能达到一定的满意程度，就要想办法改善服务质量。

对于调查中游客提出的意见，只要是符合实际情况的，旅行社的领导都会非常重视，一定会对游客的意见进行研究。因为欣欣旅行社将来还想进一步改善服务质量，扩大规模，为更多的游客提供服务。

句　子

1. 为了保证服务质量，必须进行科学、严格的管理。
2. 每一次旅游结束，旅行社都会对游客进行情况调查。
3. 旅行社的领导一定会对游客的意见进行研究。

练　习

一、填写适当的汉字　Fill in the blanks with the proper characters

1. 欣欣旅行社的领导对服务质量非常重_____。
2. 欣欣旅行社的管理比较严_____。
3. 欣欣旅行社经常会对游客进行情况_____查，了解游客的意见和建议。
4. 为了保_____服务质量，必须进行科学、严格的管理。

5. 听听游客的意见和建议，有助于我们进一步_____高服务质量。

二、用在哪儿　Where can we use it

1. 再：做这样的调查是为了防止在今后的工作中不出现同样的问题。
2. 就：服务业做得好不好，顾客的满意程度是最好的标准。
3. 从：欣欣旅行社成立开始，一直实行科学的管理。
4. 跟：调查的内容包括这次旅游有关的各个方面。
5. 对：你导游的工作态度满意吗？

三、读词语，选词语填空　Read the phrases, and choose the right one to fill in the blanks

> 旅游业　　服务业　　餐饮业　　酒店业

1. 这里风景秀丽，每年都吸引大量游客，_____很发达。
2. 她是做_____的，自己开了两家饭店，生意都很不错。
3. 近几年，随着旅游的发展，市内星级酒店越来越多，_____的竞争也越来越激烈。
4. 旅游、餐饮、酒店等都属于_____。

四、用"进行……"改写下面的句子　Rewrite the sentences with "进行……"

例：我们要调查这件事情。
　　→我们要对这件事情进行调查。

1. 我们要处理这种行为。
　　→_____

第四十四课　请填一下旅游服务质量评价表

2. 我们会商量、讨论这个问题，然后给你消息。

　　→ _____

3. 这个问题很重要，你们要认真研究。

　　→ _____

4. 她从农村回来以后，马上开始创作。

　　→ _____

5. 你们要先思考这个问题，然后才能考虑下一个问题。

　　→ _____

五、用"例如……"改写下面的句子　Rewrite the sentences with "例如……"

例：我很喜欢吃水果。

　　→ 我很喜欢吃水果，例如苹果、香蕉、橘子、西瓜等等，我都很喜欢吃。

1. 她会说很多种语言。

　　→ _____

2. 他去过很多地方。

　　→ _____

3. 我看过很多爱情电影。

　　→ _____

4. 我知道很多中国的电影明星。

　　→ _____

5. 她会唱好几首中国歌。

　　→ _____

六、连词成句　Arrange the given words into the sentences

1. 介绍　下面　对　欣欣旅行社　作法　我们　的　简单　一个　做

2. 欣欣旅行社　坚持　管理　科学　在……中　实行　工作　的

3. 的　人　参加　所有　是　旅游　调查　都　对象　欣欣旅行社　的

4. 为了　在……中　是　做　防止　同样　调查　将来　工作　出现　再　的　的　的　问题　这样

5. 还　想　进一步　将来　服务　欣欣旅行社　质量　改善

第四十五课　你听说过"怪坡"吗

生　词

1. 怪坡		guàipō	strange slope	이상한 산비탈	奇妙な坂
2. 礼拜天	(名)	lǐbàitiān	Sunday	주말	日曜日
3. 邻居	(名)	línjū	neighbor	이웃	隣家
4. 严肃	(形)	yánsù	solemn	엄숙하다	厳粛である
5. 打扰	(动)	dǎrǎo	to disturb	폐를 끼치다	邪魔をする
6. 父亲	(名)	fùqin	father	아버지, 부친	父
7. 故乡	(名)	gùxiāng	homeland	고향	故郷
8. 答	(动)	dá	to answer	대답하다	答える
9. 答案	(名)	dá'àn	answer	답	答案
10. 动手	(动)	dòng shǒu	to commence	시작하다	着手する、とりかかる
11. 大量	(形)	dàliàng	numerous	대량의	大量
12. 共同	(形)	gòngtóng	common	공동으로	共通の
13. 观察	(动)	guānchá	to observe	관찰하다	観察する
14. 移动	(动)	yídòng	to move	움직이다	移動する

15. 故意	（副）	gùyì	on purpose	고의로, 일부러	故意に
16. 底部	（名）	dǐbù	bottom	아래쪽	最低部
17. 滚	（动）	gǔn	to roll	뒹굴다, 구르다	転がる
18. 大批	（形）	dàpī	large quantities of	다량의	大量の
19. 复杂	（形）	fùzá	complicated	복잡하다	複雑である
20. 科学家	（名）	kēxuéjiā	scientist	과학가	科学者
21. 反复	（副）	fǎnfù	repeatedly	반복	繰り返し
22. 最终	（名）	zuìzhōng	final	최후, 마지막	最終の
23. 结论	（名）	jiélùn	conclusion	결론	結論

沈阳		Shěnyáng	Shenyang	심양	地名
济南		Jǐnán	Jinan	제남	地名

课 文

礼拜天，哈利正在房间里看电视，有人敲门，哈利问："谁啊？"外面的人说："隔壁邻居。"哈利笑了："这个金大永！"哈利打开门，金大永一脸严肃地走进来："我能打扰一下吗？"哈利说："别逗了，什么事儿？"

金大永这才说："你听说过'怪坡'吗？"哈利说："听说过。我父亲跟我说起过，我的故乡就有。"金大永又问："那你知道'怪坡'到底是怎么回事吗？""这个……我可就答不上来了。怎

第四十五课　你听说过"怪坡"吗

么,你最近在研究'怪坡'?"哈利问。"我研究什么呀,我只是感兴趣。"

哈利说:"肯定有人专门研究这个问题。你真感兴趣的话,可以查查这方面的资料。我也很想知道答案,咱们现在就可以动手查。"

他们在网上查到了大量资料,了解到世界很多地方有"怪坡":美国有,韩国有,中国的西安、沈阳、大连、济南等地都有。

世界各地的"怪坡"都有一个共同的特点,那就是上坡轻松下坡累。人们观察到这样一种奇怪的现象:汽车上坡的时候,它会自己向上坡方向移动。还有人故意把球放在坡的底部,球也会自己向上坡方向滚。你说奇怪不奇怪?因此,世界各地的"怪坡"每年都吸引了大批游客。

"怪坡"形成的原因比较复杂,虽然经过科学家反复研究,还是没有得出最终的结论。

句 子

1. 金大永一脸严肃地走进来。
2. 金大永这才说:"你听说过'怪坡'吗?"
3. 还有人故意把球放在坡的底部,球也会自己向上坡方向滚。
4. 世界各地的"怪坡"每年都吸引了大批游客。

练习

一、填写适当的汉字 Fill in the blanks with the proper characters

1. 这个问题肯定有人_____门研究。
2. 这个老师很严_____，我们都有点怕他。
3. 他看书的时候不喜欢被打_____。
4. 我也很想知道这个问题的答_____。
5. 为了进一步了解"怪坡"，他们查了大_____资料。

二、用在哪儿 Where can we use it

1. 起：他从来没跟我说过这件事儿，所以我一点儿也不知道。
2. 就：我的故乡有"怪坡"。
3. 故意：有人把球放在坡的底部，球会自己向上坡方向滚。
4. 动手：咱们现在就做吧。
5. 都：世界各地的怪坡，有一个共同的特点。

三、读词语，选词语填空 Read the phrases, and choose the right one to fill in the blanks

一脸汗　　一脸土　　一脸水

1. 他跳舞跳得_____。
2. 他刚洗完脸，还没擦，_____。
3. 你这是从哪儿回来啊，脸上怎么这么脏，_____。

第四十五课　你听说过"怪坡"吗

四、用"……，这才……"改写下面的句子　Rewrite the sentences with "……，这才……"

例：孩子做好了作业，妈妈让他看电视。

　　→孩子做好了作业，妈妈这才让他看电视。

1. 他说以后再也不这样了，我原谅了他。

　　→ _____

2. 所有的事情都做完了，她上床睡觉。

　　→ _____

3. 已经快11点了，他起床吃早饭。

　　→ _____

4. 我同意了她的要求，她不哭了。

　　→ _____

五、仿照例句造句　Make sentences after the model

例：故意　不告诉

　　→因为怕你担心，我故意不告诉你。

1. 故意　晚到家 → _____

2. 故意　吓我 → _____

3. 故意　这个时间给他打电话 → _____

4. 故意　不说话 → _____

5. 故意　不开门 → _____

六、改错句　Correct the sentences

1. 我不研究"怪坡",我是只感兴趣。

2. 哈利打开门,金大永一嘴严肃地走进来。

3. 你问我"怪坡"是怎么回事儿,我答不下来。

4. 他们查了大量资料,理解到世界很多地方有怪坡。

5. 虽然经过科学家重复研究,还是没有得出最终的结论。

七、作文　Write a composition

一件奇怪的事情

第四十六课　很多同学放假就要回国了

生词

1. 欢送	（动）	huānsòng	to see off	환송하다	歓送する
2. 建立	（动）	jiànlì	to set up	건립하다	建設する
3. 深厚	（形）	shēnhòu	deep	깊다	（感情が）深い
4. 感情	（名）	gǎnqíng	emotion; feeling	감정	感情
5. 分别	（动）	fēnbié	to separate	갈라지다, 이별하다	別れる
6. 挨	（动）	āi	to snuggle	가까이 접근하다	寄り添う
7. 住院	（动）	zhù yuàn	to be in hospital	입원하다	入院する
8. 出院	（动）	chū yuàn	to leave hospital	퇴원하다	退院する
9. 补课	（动）	bǔ kè	to make up a missed lesson	보충수업을 하다	補講する
10. 笔记	（名）	bǐjì	notes	필기하다	ノート
11. 擦	（动）	cā	to wipe	닦다	擦る

12. 没什么		méi shénme	never mind	괜찮다	なんでもない
13. 古迹	（名）	gǔjì	places of historic interest	유적, 고적	古跡
14. 翻译	（名）	fānyì	translator	번역	翻訳
15. 力所能及		lìsuǒnéngjí	in one's power	자기의 능력으로 해낼 수 있다	能力に相応する
16. 活跃	（形）	huóyuè	vigorous	(분위기가) 활발하고 뜨겁다	活発である
17. 贸易	（名）	màoyì	trade	무역	貿易
18. 没错		méi cuò	quite sure	맞다	間違いない
19. 长期	（名）	chángqī	long term	장기	長期
20. 合影		hé yǐng	to take group photo	함께 사진을 찍다	一緒に写真を写す
21. 留念	（动）	liúniàn	to keep as a souvenir	기념하다	記念として残す

巴黎	Bālí	Paris	파리	地名：パリ

课 文

因为很多同学放假就要回国了，班里开了个欢送会。一起学习了一年，同学们之间已经建立了深厚的感情，可是现在马上就要分别了，大家心里都有点儿难过。

第四十六课　很多同学放假就要回国了

丽莎也要回国，黄佳佳要挨着丽莎坐，她说："你回国以后，我们不知道什么时候才能再见面。记得上个学期，我生病住院，出院以后，你还给我补课，给我看笔记……"

听黄佳佳这么说，丽莎的眼泪都要出来了，她赶快擦了擦眼睛，说："这没什么，我们是好朋友嘛。同学们将来一定都有机会来法国的，我家就在巴黎，巴黎有很多古迹，我可以带你们参观，还可以给你们当翻译。"

金大永说："咱们今天是欢送同学，你们别说得这么伤心好不好？虽然大家不在一起，但是我们可以常联系，现在联系方便，打电话或写信都行。大家将来有什么需要我的地方，只要是我力所能及的，我一定帮忙。"

金大永这么一说，气氛又逐渐活跃了。很多同学谈了他们回国后的计划。丽莎说："我想找一家贸易公司……"刚说到这儿，哈利说："没错，最好找能用到汉语的工作，否则长期不用，会忘的。"黄佳佳也说："学了汉语，如果不用，那不是白学了？"……

同学们一边吃，一边谈，有不少同学还表演了节目。最后同学们一起合影留念，大家度过了一个难忘的夜晚。

句　子

1. 很多同学放假就要回国了。
2. 这没什么，我们是好朋友嘛。
3. 学了汉语，如果不用，那不是白学了？

练习

一、填写适当的汉字 Fill in the blanks with the proper characters

1. 一起学习了一年，想到马上就要分_____，大家都很舍不得。
2. 有同学建议在班里开一个欢_____会，很多同学都很赞成。
3. 丽莎邀请大家去巴黎玩儿，她说，她可以当翻_____。
4. 巴黎也像北京一样，有很多古_____。
5. 很多同学学了汉语以后，准备做贸_____方面的工作。

二、用在哪儿 Where can we use it

1. 因为：很多同学放假之后就要回国了，班里开了一个欢送会。
2. 了：一起学习了一年，同学们之间已经建立深厚的感情。
3. 才：大家回国以后，不知道什么时候能再见面。
4. 常：虽然大家不在一起，但是我们可以联系。
5. 或：现在联系这么方便，打电话写信都行。

三、用"没什么"完成下面的句子 Complete the sentences with "没什么"

1. A：谢谢你帮了我这么大的忙。
   B：_____，我们是这么多年的朋友，你还跟我这么客气。

2. A：真对不起，让你等了我这么长时间。
   B：_____，我在旁边的书店看了一会儿书，你就来了。

第四十六课　很多同学放假就要回国了

3. A：要不是遇到你，我今天就麻烦了。我都不知道该怎么感谢你才好。

   B：_____，我只是帮了一点小忙，你别放在心上。

四、用"不是……了"改写下面的句子　Rewrite the sentences with "不是……了"

例：汉语白学了。

　　→ 毕业以后要是不用汉语，很快就会忘记，那汉语不是白学了？

1. 今天白来了。

   → _____

2. 我已经跟你说得很清楚了。

   → _____

3. 你已经去过北京了。

   → _____

4. 我们已经商量好了。

   → _____

5. 飞机票买好了。

   → _____

五、连词成句　Arrange the given words into the sentences

1. 后　合影　全班　欢送会　同学　了　留念
2. 上　黄佳佳　丽莎　一定　欢送会　挨　要　坐　着
3. 深厚　已经　了　之间　建立　感情　同学们　的
4. 越……越……　上　说　伤心　欢送会　大家
5. 活跃　得　后来　变　气氛　逐渐　又　了

六、改错句　Correct the sentences

1. 黄佳佳说:"记住上个学期,我住院了,出院以后,是你给我补课……"

2. 听黄佳佳这么说,丽莎的眼泪要都流出来了。

3. 丽莎说:"你们来巴黎,我可以向你们当翻译。"

4. 哈利建议丽莎能最好找到汉语的工作,不然汉语空学了。

生词总表

A								
阿	43	包		遍	13	采取	29	38
阿姨	6	包括	35	表扬		彩色	42	31
哎	34	包子	41	并	8	餐桌		7
挨	46	宝贵	28	并且	1	草地		30
爱好	28	保持	42	剥	13	曾		30
爱情	15	保留	4	薄	4	差别		9
爱人	5	报道	36	补充	30	插		7
安	16	报名	6	补课	46	查		23
安静	5	报纸	21	补习	42	查询		40
安慰	16	抱歉	19	不大	24	产生		41
安心	24	暴雨	36	不断	30	长方形		7
按	6	背	40	不论	14	长期		46
按键	34	倍	40	不要紧	19	长途		43
按时	20	本	9	不得不	26	唱歌		15
按照	4	本地	9	不得了	25	超		40
		本来	15	不管…都…	33	超过		27
		笔记	46	不久	8	超重		40
B		必然	36	不行	29	吵		12
		必须	20	不许	43	炒		8
白	23	必要	42	布置	32	趁		21
白菜	41	毕业	6	部	11	称为		21
白天	42	闭	38	部门	37	称赞		7
班长	20	避免	30			称做		14
办公	20	鞭炮	5	C		盛		7
办事	28	便	42			成		2
半夜	25	变	2	擦	46	成立		44
帮忙	24	变成	32	猜	41	成熟		17
傍晚	18	变化		材料	8	承认		42

313

诚恳	38	从没	22	当今	8	东部	9
诚实	15	粗	41	当时	14	懂得	14
乘客	16	促进	42	挡	43	动画	25
乘坐	1	醋	9	当做	43	动人	2
程度	44	催	26	岛	43	动身	27
吃惊	20	存在	44	倒霉	32	动手	45
尺寸	11	措施	44	倒	43	动作	10
充分	40	错误	43	到达	30	冻	43
充满	42			到来	5	豆沙	13
充足	40			道	8	逗	43
冲	2	**D**		道理	23	度	32
重播	7	答应	15	道歉	38	短信	28
重复	31	达到	44	得到	5	锻炼	17
重新	36	答	45	得意	7	队	17
抽	28	答案	45	的确	12	对	2
愁	42	打扰	45	登记	18	对比	43
出生	17	打听	11	等	36	对话	11
出现	30	打折	24	等于	23	对于	28
出洋相	4	大多数	28	低	13	多么	43
出院	46	大量	45	底部	45		
初级	25	大批	45	地带	22	**E**	
初一	6	大人	5	地理	9	儿	14
除夕	5	大堂	27	地区	3	儿子	8
处理	28	大约	11	地址	28	而	12
处	12	呆	24	典礼	34	而是	11
船	13	代表	4	点头	18	耳朵	27
磁带	33	袋	14	电视台	6		
葱	9	戴	19	电梯	6	**F**	
聪明	15	单位	5	调	38		
从此	17	担心	13	调查	44	发抖	43
从而	44	但	16	叠	14	发生	38
从来	10	当…的时候	29	定	36	发现	13

314

发言	34	幅	14	工程	3	广播	38	
…法	4	父亲	45	工艺品	35	规模	21	
翻译	46	付	29	工作证	18	滚	45	
烦恼	15	复杂	45	公斤	42	国际	9	
繁华	22	富	8	公里	19	国家	3	
反复	45			公路	32	果然	29	
反应	23	**G**		公元	3	果园	17	
反映	25			公主	21	过程	3	
范围	44	改	38	功夫	25	过年	7	
方面	44	改进	44	共同	45			
方式	8	改善	44	购物	35	**H**		
防止	44	干	26	估计	38			
房屋	12	干脆	38	姑娘	43	海拔	23	
放弃	2	赶	3	孤单	31	海边	1	
放心	24	赶紧	19	古代	3	害	13	
飞行	36	赶忙	6	古迹	46	寒假	1	
非…不可	22	敢	10	鼓励	34	汗	32	
肥	26	感动	19	鼓掌	10	航班	31	
费用	12	感激	18	故事	2	毫不	33	
分别	46	感情	46	故乡	45	毫不犹豫	33	
分散	10	感受	3	故意	45	毫无	20	
分头	35	高大	27	故障	38	好	20	
分析	42	高速	39	顾不上	34	好	34	
粉条（粉丝）	41	高速公路	39	顾客	37	好久	31	
份	4	高原	23	怪坡	45	好容易	28	
奋	10	告别	37	关机	35	好听	15	
风景区	1	歌曲	33	关系	24	合	12	
风俗	13	格外	6	关于	23	合理	23	
封	17	隔壁	29	观察	45	合适	11	
否则	35	各种各样	35	观看	10	合影	46	
服装	10	根本	29	管理	37	红茶	42	
符合	44	更加	10	光	25	后悔	21	

315

乎	8	集体	33	交通	22	经验	29
糊涂	41	集中	10	郊区	39	惊喜	37
户	6	记	27	叫做	13	惊险	10
花草树木	1	记得	22	教授	18	精力	29
花瓶	7	记录	33	结实	17	精致	14
划	13	纪念	13	接触	37	景	3
…化	9	既	16	接待	6	竞争	29
画	14	既…也…	27	接近	17	敬爱	13
画报	14	既…又…	15	接受	40	境	3
画家	14	既然	16	节日	5	镜子	11
欢送	46	继续	2	节省	22	究竟	41
黄金周	28	加强	20	结果	25	举行	13
黄梅天	26	家具	12	结婚	2	拒绝	18
恢复	36	家庭	5	结论	45	具备	12
回信	29	架	38	结束	7	具体	37
回忆	26	坚持	2	解决	24	据说	27
会场	34	减	26	解释	18	距离	33
荤	8	减轻	30	今后	44	聚	5
活泼	36	减少	23	金色	15	绝对	32
活跃	46	见	21	仅仅	42		
火车站	16	件	11	尽管	36	**K**	
		建	27	尽量	20		
J		建立	46	紧	26	卡拉OK	33
		渐渐	12	紧张	1	开放	9
积极	33	江	13	尽	26	开朗	36
基本	20	将来	44	进行	44	看病	20
激动	1	讲	15	进一步	37	看来	12
激烈	29	讲究	4	京剧	25	看样子	14
及时	17	奖	25	经过	1	靠	21
即使…也…	18	奖学金	34	经过	35	科学	44
极	14	降低	37	经济	40	科学家	45
急忙	30	交流	37	经历	8	可	20

可	22	理解	8	路线	23	目标	42	
可爱	36	理由	42	旅客	31	目的	14	
可靠	37	力气	2	旅途	1			
可惜	21	力所能及	46	轮到	5	**N**		
克服	39	厉害	21	落后	33			
刻苦	34	立即	20			内	29	
客人	5	利用	23	**M**		内地	9	
客厅	7	例如	44			那里	5	
肯	20	连	19	蚂蚁	41	难道	41	
恐怕	22	连…都…	27	买卖	32	难过	21	
哭	16	连忙	18	满足	29	难受	30	
快乐	31	联欢	7	毛病	34	脑子	30	
宽阔	27	联系	1	贸易	46	闹钟	23	
困	22	脸	1	没错	46	能够	39	
困难	39	脸色	19	没什么	46	能力	37	
扩大	44	恋爱	15	没意思	22	年夜饭	5	
		量	11	没用	32	鸟	27	
L		料理	9	美好	13	牛	30	
		邻居	45	闷热	32	农民	39	
垃圾	30	临	32	梦想	28	浓	11	
拉	21	临时	24	面	41	弄	26	
啦	42	铃	6	面积	12	女儿	6	
辣椒	9	领导	44	民族	33	女孩儿	15	
来不及	18	另	7	名	17	女士	6	
来得及	18	流水	14	名片	24	女主人公	11	
蓝天	1	留念	46	名胜	28			
浪费	39	留学	15	明亮	27	**O**		
劳动	39	龙舟	13	摸	25			
老	22	楼梯	42	模仿	33	偶尔	22	
礼拜天	45	陆续	31	没收	32			
礼貌	27	录	33	墨	35	**P**		
里边	12	路上	32	模样	19	怕	25	

拍照	10	其余	40	**R**		商品	35
排队	4	旗袍	11			商业	4
排练	7	起飞	1	然而	40	上班	36
牌	34	起来	4	染	34	上网	23
派	2	气氛	6	热爱	29	上学	22
盘	41	气温	32	热带	1	稍	31
盘子	42	千万	40	热烈	33	稍微	19
盼望	26	签	37	热心	16	设备	30
旁	27	前	2	人家	5	社会	25
跑步	26	前方	19	人物	8	身	21
配合	39	前台	27	人员	31	深厚	46
喷	41	强烈	38	任何	29	深刻	10
皮	4	敲	21	任务	28	甚至	17
疲劳	26	桥	14	仍然	3	生气	29
偏	9	巧	17	日用品	35	声音	25
片	25	亲戚	11	日子	17	胜利	2
拼命	29	亲切	6	肉末	41	省	27
平常	33	亲自	11	软	13	省	28
平静	31	轻松	27			剩	31
平均	23	情况	18	**S**		失去	21
平原	30	请客	41			失望	36
评	37	区	9	伞	26	石头	2
瓶子	19	区别	41	沙发	7	时代	21
普通	8	取得	34	沙滩	2	时刻	35
		取消	36	傻	35	实惠	40
Q		全部	25	晒	1	实现	3
		劝	20	闪	10	实行	44
妻子	15	缺乏	20	闪电	2	实在	25
期间	5	却	20	善良	43	食品	13
期中	33	确定	33	善于	37	使	8
其次	12	群	36	伤	17	市	9
其实	22			商量	24	市场	29

事先	24	损失	38	同情	15	胃	21
室	7	所	28	同时	15	温暖	1
适应	1	所谓	14	同样	19	文艺	7
收	10	所有	34	统一	3	闻	1
收获	39			痛苦	22	蜗牛	39
收音机	36	**T**		头脑	32	卧室	7
手	21			投	13	污染	30
首饰	35	趟	16	投诉	37	屋	26
首先	12	掏	31	透	32	无边无际	3
受	17	逃	2	吐	4	无论	40
瘦	42	讨价还价	35	团聚	5	无所谓	32
书房	7	讨论	9	推荐	23		
叔叔	6	讨厌	26	退	27	**X**	
舒适	24	套	7	托	28		
输送带	31	特殊	30			西部	9
熟	36	疼	17	**W**		西餐	22
熟悉	12	提供	6			西瓜	25
暑假	23	提醒	29	外地	5	吸	4
帅	17	体会	22	外面	4	吸引	10
水平	20	天公不作美	36	完成	28	洗澡	38
水乡	14	天空	31	完好	3	细	41
顺利	16	天涯海角	2	完全	35	吓	40
说不定	18	添	20	晚点	38	先后	11
说明	34	田野	39	万事如意	29	显得	12
似乎	4	挑	22	往往	15	显然	18
松	33	条件	12	危险	30	现场	10
素	8	跳	13	微笑	16	现象	42
速度	39	贴	41	伟大	13	馅儿	4
算	4	铁路	23	卫生	24	羡慕	34
算了	35	厅	7	为了	3	相	2
随便	22	听见	27	位置	24	相同	24
随时	24	通知	33	味儿	9	详细	9

享受	1	修建	3	一致	37	永远	26
想法	19	选择	5	一般	4	用不着	27
想象	21	学费	40	一方面……	3	优美	16
项	3			……一方面……		优秀	25
消化	42	**Y**		一齐	19	幽默	17
小孩儿	8			一时	38	悠久	14
小伙子	15	压岁钱	5	一同	19	由	23
小笼包	4	严格	44	医院	17	由于	28
小声	10	严肃	45	移动	45	游山玩水	28
小心	4	严重	39	遗憾	21	游玩	43
效果	10	沿	3	疑问	41	游泳	1
效率	37	研究	28	已	35	友好	18
笑	18	眼	41	以及	11	有的是	22
笑话	17	眼睛	17	以来	34	有点儿	41
些	12	眼镜	19	以为	4	有趣	16
谢意	10	演	11	议论	38	于是	2
心情	14	宴会	8	意	5	与	1
心疼	43	羊	30	意见	24	与其……不如……	15
辛苦	40	阳光	1	意识	43	语言	30
新鲜	21	氧气	30	意思	32	语音	16
信	15	样式	11	意外	18	预订	33
信得过	37	要求	29	意义	7	员	6
信心	20	腰	8	因此	28	原来	4
行程	26	邀请	19	因而	41	原料	41
行动	42	摇	25	银	34	原因	18
形成	13	咬	4	印象	10	愿望	3
形容	30	业务	24	应	12	愿意	6
型	34	叶子	13	应当	16	越……越……	35
醒	31	夜晚	31	迎接	5	越来越	16
性格	17	一……就……	16	营养	20	云	26
胸	17	一下子	1	影视	21	允许	18
雄伟	3	一再	39	影响	10	运动会	42

生词总表

运动员	17	阵	2	指	18	专门	11		
运气	32	正月	6	至今	3	专心	30		
运用	39	征求	26	至少	40	专业	37		
晕车	19	睁	10	质量	37	转告	37		
		整个	26	中介	12	赚	38		
		整理	30	中心	24	装	30		
Z		整整	31	终于	2	状态	20		
		正常	36	种	27	追	2		
杂技	10	正确	39	重视	15	准时	23		
暂时	26	正直	13	周到	27	资料	23		
赞成	24	之	16	周围	12	资源	40		
糟糕	26	之后	12	猪	41	仔细	16		
则	16	之间	3	逐渐	43	自从	22		
责任	38	之前	6	主动	6	自由	26		
增加	39	知识	4	主席	8	总裁	8		
炸	8	直	8	主要	9	粽子	13		
招待	8	直	43	主张	24	租	12		
招呼	6	直播	7	住宿	18	嘴	41		
着迷	25	直到	29	住院	46	最初	39		
照	11	直接	23	住宅	14	最终	45		
照常	43	职业	17	注意力	10	作为	43		
照顾	16	只是	19	著名	11	作用	20		
者	35	只有…才…	39	抓	2	做客	8		
这边	19								

专名

A
安东尼　15

B
巴黎　46
比尔·盖茨　8
布达拉宫　23

C
长城　3
春节　5

D
大卫　17
端午节　13

F
福州　16

G
广州　21

H
好莱坞　21
河南　36
横店　21
花样年华　11
黄妈妈　6
黄英　6

J
济南　45

K
昆明　24

L
鹿回头　2

M
麻婆豆腐　41
蚂蚁上树　41
明朝　3

Q
秦朝　3
青藏高原　30
屈原　13

S
山东　9
山西　9
上海商城　10
少林寺　36
沈厅　14
沈阳　45
四川　9
嵩山　36

T
太湖　19
唐、宋、明、清　21

W
微软　8

无锡　19

X
西藏　23
西宁　23
厦门　38
香港　11
小芳　15
小李　8

Z
张厅　14
浙江大学　18
中央电视台　7
周庄　14
朱利安　15
猪八戒　25